Tom Wolf und Rike Wolf

111 Orte in Frankfurt, die man gesehen haben muss

111

emons:

Bibliografische Information der Deutschen Nationalbibliothek
Die Deutsche Nationalbibliothek verzeichnet diese Publikation
in der Deutschen Nationalbibliografie; detaillierte bibliografische
Daten sind im Internet über http://dnb.d-nb.de abrufbar.

© Emons Verlag GmbH
Alle Rechte vorbehalten
© alle Fotografien: Rike Wolf, Tom Wolf,
außer: siehe Bildnachweis Seite 240
Gestaltung: Eva Kraskes, nach einem Konzept
von Lübbeke | Naumann | Thoben
Kartografie: altancicek.design, www.altancicek.de
Kartenbasisinformationen aus Openstreetmap,
© OpenStreetMap-Mitwirkende, ODbL
Druck und Bindung: Lensing Druck GmbH & Co. KG,
Feldbachacker 16, 44149 Dortmund
Printed in Germany 2018
Erstausgabe 2014
ISBN 978-3-95451-342-0
Aktualisierte Neuauflage August 2018

Unser Newsletter informiert Sie
regelmäßig über Neues von emons:
Kostenlos bestellen unter
www.emons-verlag.de

Vorwort

»Mainhattan« ist hierzulande Spitzenreiter: Seit das GaWC (Globalization and World Cities Research Network) alle Städte nach ausgeklügelten Kriterien vergleicht, darf sich Frankfurt am Main *Weltstadt* nennen – mit Alpha-Zertifizierung!

Frankfurt hat freilich den unbestreitbaren Vorteil, ein beständiges »Silber- und Goldloch« zu sein, wie schon Martin Luther es ausdrückte: Hier sammeln sich die Euros wie in einer Senkgrube, es tummeln sich die Finanzkräfte und spielen ihr Spiel im Internet, das natürlich in Frankfurt seinen dicksten deutschen Knoten hat. Auf Europas größtem Güterflughafen startet und landet noch immer alles, was unter die Leute soll. Auf der Messe gibt sich nach wie vor das internationale Gewerbe ein Stelldichein. Frankfurt ist Dauer-Shopping und Fastfood in Zeil, B-Ebene und Freßgass'. Und die Banker … schicken sich an, von hier aus die Welt zu regieren! Im Ostend hat sich die EZB einen babylonischen Turm gebaut, wie ihn selbst die Evangelisten nur schemenhaft beschreiben konnten. Angesichts solcher Hirnwelten des Kapitalismus fragt man sich schon: Ham die se noch alle?

Doch hinter Frankfurter Würstchen und Touri-Nepp wartet ein menschliches Städtchen mit beschaulichem Hinterhoftreiben. *Planewatching*, alteingesessene Kaufleute, skurrile Erfinder, Imker und leidenschaftliche Landwirte – kurz: ein intimes, liebenswertes Frankfurt, das seinen »Ebbelwoi« und die »Grie Soß« genießt und während des Waldspaziergangs im breiten, langen Grüngürtel die gute Luft einatmet, den Lärm der Startbahn 18 West ausklammert und es sich bei Musik und Kunst oder beim Friseurtermin im Hochhaus gut gehen lässt. Jazz und moderne Kunst bestimmen das Frankfurter Lebensgefühl ebenso wie guter Rheingauer Wein und verrucht-rasante Indoorcartfahren. Es muss nicht alles zehnstellig sein. Hauptsache, du bist gesund und es schmeckt dir noch. Also frei nach Theodor W. Adorno: Es gibt ein richtiges Frankfurt im falschen!

111 Orte

1_Die Adorno-Ampel

Das Schnelle ist das Unwahre

Als nach dem Zweiten Weltkrieg das neue Institut für Sozialforschung (IfS) an der reich befahrenen Senckenberganlage bezogen wurde, erkannte Theodor W. Adorno, schärfster Beobachter und Analytiker der Verhältnisse, sofort die Gefahren des Verkehrsgewühls vor dem Haus.

Am 12. Mai 1958 schrieb er dem Uni-Rektor:»Der Verkehr … macht es den zahlreichen Angehörigen der Universität … außerordentlich schwer. … Dieser Zustand ist bedenklich. Wenn ein Student, wie es doch schließlich sein Recht sein sollte, in Gedanken über die Straße geht, ist er der unmittelbaren Lebensgefahr ausgesetzt.« Ein Zebrastreifen war jedoch alles, was der alarmierte Polizeipräsident anordnete. Fußgänger wurden, dem Leitbild der»autogerechten Stadt« gemäß, als störende Objekte im Straßenverkehr angesehen und jede verzögernde Beeinträchtigung des Verkehrsflusses durch Lichtzeichenanlagen tunlichst vermieden.

Adorno, diese diskriminierende Idee von Verkehrsführung rasch durchschauend, schrieb erneut an die Universitätsleitung, nachdem mehrere Personen verunglückt waren, ein Passant sogar getötet worden war:»Studenten, die, was doch wohl legitim wäre, in Gedanken sind, werden dafür unmittelbar mit dem Tod bedroht. … Helfen könnte nur entweder eine Brücke für Fußgänger über die Senckenberganlage oder eine Umleitung des gesamten Verkehrs.« Ein Adorno'scher Leserbrief an die FAZ wurde gar am 1. August 1962 vom Spiegel zitiert:»Sollte ein Student oder ein Professor in jenem Zustand sich befinden, der ihm eigentlich angemessen ist, nämlich in Gedanken sein, so steht darauf unmittelbar die Drohung des Todes.«

Doch auch diese öffentliche Variation des Themas, publikumswirksam verstärkt durch die Erwähnung der eigenen professoralen Bedrohung, fruchtete nichts. Erst in der zweiten Amtszeit von Adornoschüler Ludwig von Friedeburg als Direktor des IfS wurde 1987 endlich eine Ampel vor dem Gebäude aufgestellt.

Adresse Institut für Sozialforschung, Senckenberganlage 26, 60325 Frankfurt am Main-Westend | **ÖPNV** U 4, 6, 7, Haltestelle Bockenheimer Warte | **Tipp** Die U-Bahn-Station Bockenheimer Warte besticht durch postmodernen Zugang (schräger Tramwaggon) und steilen Aufzug: Man beachte die riesige Pfeilerhalle. In der oberen Hälfte sollte ursprünglich ein Bibliotheksmagazin Einfahrt halten, doch die Auflösung des Campus Bockenheim machte dies überflüssig.

2 — Der Affenfelsen

Echt abgehoben, Alter!

Der Frankfurter Flughafen kann für Autofahrer leicht zur Falle werden: Nachdem man zweimal in den Schleifen zu den Terminals gelandet ist, erbarmt sich vielleicht ein Taxifahrer und erklärt einem, wie man daran vorbei auf den Flughafenring kommt. Immer geradeaus, bis zum Tunnel. Aber nicht in den Tunnel hinein! Beim Anblick der Wagenansammlung am Waldrand weiß man, dass man richtig ist.

Es hat etwas Verschwörerisches. Keiner spricht, jeder weiß Bescheid. Der Pfad führt zwischen Autostraße und Waldrand entlang, doch den Weg ins Grün versperrt ein Drahtzaun. Es wird eng, einige drängeln, es geht steil nach oben. Dann ist es geschafft: Etwa hundert Menschen aller Altersklassen und Nationalitäten stauen sich auf einem kleinen umgitterten Fleck und starren auf den Beginn der Startbahn West, die in Wurfweite daliegt. Im Hintergrund wartet eine Schlange startbereiter Flugzeuge vor den Tanks und Gebäuden am Horizont.

Schlagartig wird klar, was mit *Affenfelsen* gemeint ist: das Siegertreppchen aus Gehwegplatten, auf dem sich einige Glückliche ihren befristeten Platz erkämpft haben. Die Affen sind die Anwesenden. Ein Aufheulen der Triebwerke, und alles, was saß, erhebt sich. Auch die teils meterlangen Teleobjektive der professionellen *Planewatcher*, die hier immer ganz oben stehen. Ein Gigant rollt auf den ersten von 4.000 Metern der Startbahn West, die »18« heißt, weil sie auf dem Kompass strikt auf 180 Grad nach Süden führt.

Die Auslöser rattern, die Kameras fahren hoch, alle Geräte piepen. Hundert Wirbelsäulen drehen sich wie Nachführgeräte und folgen dem rechts entschwindenden Airbus A 380 der Singapore Airlines. »Die haben die luxuriösesten Suiten mit Bett und Widescreen, das beste Essen und die Singapore-Girls! Wow! Echt abgehoben, Alter!«, raunt es. Genau. Die nächsten Take-offs folgen im Minutentakt.

Adresse Airportring, Unterführung Startbahn 18 West, 60549 Frankfurt am Main-Flughafen | **ÖPNV** S 8, 9, Bus 751,752, Haltestelle Flughafen Regionalbahnhof | **Tipp** Die S-Bahnen halten direkt im Keller von Deutschlands größtem Hotel- und Bürogebäude, dem gigantischen »Squaire«, auf das zumindest einen Blick zu werfen sich lohnt. Sogar eine eigene Postleitzahl hat es: 60600.

3 Das Ajagrab
Ewige Unruhe garantiert

Katharina Elisabeth Textor (1731–1808) wurde berühmt als Goethes Mutter Aja. Der Skandal, den die 53-Jährige durch ihre Liaison mit dem 31 Jahre alten, frisch verheirateten Schauspieler Karl Wilhelm Ferdinand Unzelmann 1784 lostrat, legt beredtes Zeugnis ihrer Lebenslust ab.

Katharina Elisabeth Goethe wusste ihren Einfluss trefflich für ihre Zwecke bei ihrem jugendlichen Schwarm zu nutzen. Sie macht Unzelmann Geschenke, bezahlt seine Schulden und kauft dem jungen Paar sogar Möbel. Doch der egozentrische Schauspieler verdarb es sich mit den Kollegen und zog 1788 mit seiner jungen, der Affäre übrigens ratlos zusehenden Frau nach Berlin. An Ajas Gefühle hatte Unzelmann bei seinem überstürzten Aufbruch gar nicht gedacht, sich nicht einmal verabschiedet.

Als er reumütig aus Berlin depeschiert: »Oh Elisabeth, was habe ich getan!«, ist ihre Antwort eindeutig: »Oh! Blasen Sie nicht den toten Funken wieder an … hier war Blitz und Schlag so eins, dass mich's ewig wundern wird – dass mich meine Lebensgeister nicht den Augenblick alle verließen. … Luft muss ich haben, sonst ersticke ich …« Das »Otterngezücht« der hämischen Frankfurterinnen hält Frau Aja noch jahrelang auf Trab. Aber sie ruht viel zu sehr in sich selbst, als dass sie an Häme und Missgunst zerbrochen wäre.

Seit 1985 ist Aja die Namenspatronin eines anthroposophisch angehauchten Zentrums für Lebensgestaltung im Alter. Die Betreiber des »Hauses Aja Textor-Goethe« sind der Ansicht, dass ihr damit »177 Jahre nach ihrem Tode in ihrer Heimatstadt endlich ein Denkmal gesetzt wurde«. Die vier betreuten Demenz-Wohngruppen haben die Betreiber nach Ajas Lieblings-Briefpartnerinnen benannt: Herzogin Anna Amalia, Bettine von Arnim, Christiane Vulpius und Louise Schlosser. Na, ob ihr und ihren vitalen Freundinnen dieses tote Patronat für verwirrte Alte gefallen hätte? Aja liegt lieber tot auf dem belebten Schulhof der Liebfrauenschule.

Adresse Schäfergasse 23, 60313 Frankfurt am Main-Innenstadt | **ÖPNV** S 1–6, 8, 9, U 4–7, Haltestelle Konstablerwache; Bus 36, Haltestelle Peterskirche | **Tipp** Goethes Papa liegt um die Ecke in einem Knick am Kindergehege der Kita »Liebfrauen« am Rand des ältesten Frankfurter Kirchhofs, des Peterskirchhofs in der Stephanstraße.

4_ Die Baadergaragen

Porsche und Granaten

Donnerstag, 1. Juni 1972. Am frühen Morgen umstellt die Polizei das Gebäude im Hofeckweg. Ein Panzerwagen blockiert den Hof und drückt eins der Garagentore ein. In der Garage halten sich Andreas Baader, Holger Meins und Jan-Carl Raspe auf, die im Haus ein Kellerzimmer gemietet haben. Tränengasgeschosse platzen. Minuten später rennen die Terroristen auf den Hof, versuchen zu fliehen und lösen ein Sperrfeuer aus. Spätestens jetzt sind die Fensterbänke der darüberliegenden Wohnungen und der Zaun um den Hof bis auf den letzten Platz von Schaulustigen belegt. Bis dato hatte kein Nachbar die netten jungen Leute je beargwöhnt, die immer mit so coolen Sportwagen auf den tristen Hinterhof fuhren.

Nach drei gleichzeitig durchgeführten Banküberfällen im September 1970, bei denen sie über 200.000 Mark erbeuteten, setzten sich die Mitglieder der Baader-Meinhof-Gruppe aus Berlin ab. In Frankfurt fanden sie ein Netzwerk aktiver Sympathisanten vor, die ihnen überall in der Stadt zu »konspirativen Wohnungen« verhalfen. Es folgten Bombenanschläge quer durch die BRD, bis 1972 mit der Verhaftung von Baader, Meins und Raspe das Ende der ersten RAF-Generation gekommen war. Kurz nach deren Festnahmen im Hofeckweg wurden auch Gudrun Ensslin und Ulrike Meinhof, Erstere in Hamburg, Letztere in Hannover verhaftet.

Andreas Baader wurde durch einen Beinschuss an der Flucht gehindert und im Notarztwagen ins Krankenhaus gefahren. Zwei Polizeibeamte führten Holger Meins in Unterhose ab. Spezialeinheiten der Polizei stellten später fest, dass Garage und Kellerraum offenbar genutzt worden waren, um Sprengsätze herzustellen. Zudem förderte die Durchsuchung ihres Porsches mehrere Handgranaten zutage. Zwei Jahre nach der Verhaftung starb Holger Meins an den Folgen seines wochenlangen Hungerstreiks. Andreas Baader und Jan-Carl Raspe starben im Oktober 1977 in der Stuttgarter Justizvollzugsanstalt in Stammheim.

Adresse Hofeckweg 2–4, 60320 Frankfurt am Main-Dornbusch | **ÖPNV** U 5, Haltestelle Hauptfriedhof | **Tipp** Frankfurt »isst« sich einig: Im Restaurant »Zum Kuckuck« werden seit 25 Jahren die besten Schnitzel der Stadt serviert. Eckenheimer Landstraße 271; Öffnungszeiten: Schnitzeltag Do, Fr 17 Uhr bis open end, Mittagstisch Mo–Fr ab 12 Uhr.

5__Der Ball von 1960

»Wer net hüppt, is Offebacher!«

Als Kind im S-Bahn-Wagen mit 500 bunt bedruckten Sängern mit schwarz-weißen Schals zu stecken und nicht zu wissen, ob man diese Hölle je wieder lebend verlassen wird, das kann fürs Leben verunsichern. Aber auf Vaters Arm ins Waldstadion getragen zu werden, das macht einen Eintracht-Fan! Wenn in der Fankurve beim ewigen Lokalderby befohlen wird: »Wer net hüppt, is Offebacher!«, dann hüpfen sogar die Offenbacher, und das Betonstadion hebt und senkt sich um Zentimeter.

Da ist viel Erinnerung mit im Spiel, die das Eintracht-Museum unter der Haupttribüne wachhält. Dort liegen jene Reliquien, die jeden immer neu im Glauben an die »Schlappekicker« bestärken, einst liebevoll so genannt, weil die meisten Spieler in einer Schuhfabrik arbeiten. Wer das Glück hat, hier von älteren Fans geführt zu werden, vergisst das nie mehr.

In der Ruhmeshalle der Adler wird jeder über die Kerndaten aufgeklärt: Deutscher Meister 59, DFB-Pokal-Sieger 74, 75, 81, 88, UEFA-Cup 1979/80 … Mit dem 1. FC Kaiserslautern, Eintracht Frankfurt, dem FC Bayern München, VfB Stuttgart und VfL Borussia Mönchengladbach standen damals fünf Teams in der Hauptrunde, und vier von ihnen erreichten auch das Halbfinale. Am Ende siegten die Frankfurter, die zuvor schon Aberdeen FC, den FC Dinamo Bucuresti, Feyenoord und den FC Brno ausgeschaltet hatten, dank Auswärtstorregel bei insgesamt 3:3 Toren im Hin- und Rückspiel über Titelverteidiger Mönchengladbach.

Der Anstecker mit dem Datum »18.5.1960« am Revers des älteren Fans zaubert natürlich sofort ein Lächeln aufs Gesicht: Da liegt ja auch schon der Spielball des legendären Spiels in der Vitrine! Das Spiel gegen Real Madrid CF im Endspiel um den Pokal der Meister im Hampden-Park-Stadion in Glasgow hat die Eintracht zwar mit 3:7 verloren, aber sie war die erste deutsche Mannschaft, die das Endspiel in diesem Wettbewerb erreichte … Ach, und guck ma hier!

18.5.1960

Adresse Eintracht Frankfurt Museum, Commerzbank Arena, Mörfelder Landstraße 362, 60528 Frankfurt am Main-Niederrad | **ÖPNV** S 7–9, Haltestelle Stadion | **Öffnungszeiten** Di–So 10–18 Uhr | **Tipp** Am Haupteingang steht seit 1938 die Bronzeskulptur »Läuferin am Start« – Modell stand Sprinterkönigin Emmi Haux.

6___Das begehbare Auge
Um vier an der Netzhaut

Das große Auge ist auf die gegenüberliegende Bühne gerichtet. Durch einen seitlichen Eingang geht es hinein. Im menschlichen Auge befände man sich hier im weichen, gelartigen Glaskörper, der beinahe vollständig aus Wasser besteht und durch den eintreffendes Licht von der Linse auf die Netzhaut fällt. Die Rückwand in der Kugel stellt folglich die Netzhaut des menschlichen Auges dar. Was ist zu sehen? Auf die gewölbte Wand fällt ein verkleinertes, kopfstehendes, seitenverkehrtes Bild der Bühne. Wir sehen erst auf die gewohnte Weise, nachdem das Gehirn das Bild auf der Netzhaut gerade gerückt hat. Während des Aufenthalts im Auge entdeckt der Besucher gegenüber der »Netzhaut« das Modell der Linse und daneben einen Knopf, mit dem sich die Öffnung der Iris verkleinern oder vergrößern lässt, wie man es von der Blende der Kamera kennt.

An 120 Experimentierstationen kann im Science Center Frankfurt gespielt und begriffen werden, wie die Dinge wirklich funktionieren. Einer der Höhepunkte der EXPERIMINTA ist ein professioneller Flugsimulator mit Weltraumflugprogramm. Der 6-Achsen-Simulator X6 der Firma VR PROJECT mit 3-D-Bildschirm und voll beweglichem Pilotensitz macht das Flugerlebnis durch Echtzeit und wirklichkeitsgetreue Geräusche perfekt. Das technische Wunderwerk weckt in jedem, der sich hineinsetzt, Lust auf Fliegerei und den Pilotenberuf.

Ein Highlight aus Flammen und Klang ist die Vorführung des Rubens'schen Flammenrohrs. Brennbares Gas wird ins Flammenrohr geleitet, tritt durch Bohrungen an der Rohroberfläche aus und wird angezündet. Am Ende der Reihe zuckender Flämmchen wird ein Lautsprecher ans Flammenrohr angeschlossen. Wer dann ins Mikrofon spricht oder rappt, bringt durch Veränderung der Druckverhältnisse im Rohr die Flämmchen zum An- und Abschwellen. So wird Schall sichtbar, und nebenbei lernt jeder, wie die Bühnenshow von Rammstein funktioniert.

Adresse EXPERIMINTA Science Center, Hamburger Allee 22–24, 60486 Frankfurt am Main-Westend | **ÖPNV** Tram 16, 17, Haltestelle Varrentrappstraße | **Öffnungszeiten** Mo 9–14 Uhr, Di–Fr 9–18 Uhr, Sa, So und Feiertage 10–18 Uhr | **Tipp** Im EXPLORA-Museum läuft man mit 3-D-Brille auf der Nase durch visuelle Phänomene, optische Tricks und alles, was Auge und Hirn sonst noch kapitulieren lässt. EXPLORA Science Center Frankfurt, Bunker Glauburgplatz 1, 60318 Frankfurt am Main-Nordend, Öffnungszeiten auf www.exploramuseum.de.

7 Die beste Messewurst

Möge die Worscht mit dir sein

Während der Messe ist es eine Kunst, bei vollem Terminkalender nicht zu verhungern. Vor allem wenn man gerne mal eine gute Currywurst essen würde und mit dem Angebot auf dem Frankfurter Messegelände selbst unzufrieden ist. Die beste Messewurst, die gibt's halt einfach nicht auf der Messe, für die muss man kurz nach draußen. Einer weiß was: Bestworschtintown! Die isses!

Nun ist Frankfurt zwar die wohl kleinste Weltstadt der Welt, aber unter einer Stunde hin und zurück geht es mit den Öffentlichen nicht. Die messenächste Station, Best Worscht 1, steht im Grüneburgweg, nahe beim Campus Westend. Eine E-Mail an das Best-Worsch-Team schafft raschen Rat. »Nehmt euch doch gemeinsam ein Taxi, dauert höchstens sieben Minuten bis hierher!«

Man teilt sich die Fahrt, steht staunend vor der knallroten Bude und kann es gar nicht fassen, dass der Farbkreis an der Scheibe acht Geschmacksrichtungen verspricht. Die verrückteste: Cheezy (Lemon, Jambalaya, Röstzwiebeln und Mozzarella). Jambalaya: Das allein haut schon mal um, eine Mischung aus 17 Gewürzen. Doch vor der Bestellung gilt es für alle echten »Chiliheads« zudem noch die Schärfe der Sauce festzulegen. Dafür hat Lars Obendorfer das Brennometer entwickelt, wo von A (prickelt ä bissi!) bis F wie FBI – im endzeitlichen Bestworschtsprachgebrauch »FuckinBurningInjection« genannt – das gesamte Höllenspektrum aufgeboten wird.

Die einen sind mit C zufrieden. Ein Unerschrockener freilich wählt FBI. Wer schon einmal echt indisch gegessen hat, kennt das Gefühl, dass die Geschmacksknospen platzen und ein waberndes Glutbett über der eiskalt werdenden Zunge schwebt. Muss man erwähnen, dass nur bestes Fleisch, nur beste Pommes, nur bestes selbst gebackenes Brot, nur Fünf-Sterne-Ketchup und -Mayo auf den Tresen kommen? Nee, das versteht sich hier von selbst. Noch mit Genuss eine »A« hinterher, zur Besänftigung der Geschmacksnerven. »Möge die Worscht mit dir sein!«, frotzelt der Chef.

Adresse Grüneburgweg 37, 60322 Frankfurt am Main-Westend, www.bestworscht.de |
ÖPNV U 1–3, 8, Haltestelle Grüneburgweg | **Öffnungszeiten** Mo–Fr 10.30–19,
Sa 11.30–18 Uhr | **Tipp** Um die beste Wurst geht's auch bei »Peters Currywurst«, Taunus-
straße 25, 60329 Frankfurt am Main-Bahnhofsviertel. Hier gibt's zudem leckere Burger,
und das rund um die Uhr, Öffnungszeiten: Mo–Mi 11.30–24 Uhr, Do 11.30–4 Uhr,
Fr 11.30–6 Uhr, Sa 13–6 Uhr, So 15–24 Uhr, Feiertage bis 6 Uhr.

8 Die Binding-Brauerei

Brau-Schau am Sachsenhäuser Berg

»Es gibt nichts, was so erfreuet / und was mehr Vergnügen schafft, / nichts, was die Freundschaft so erneuet, / wie der edle Gerstensaft«, sagte schon Detlev von Liliencron. Besonders, wenn man dem Brauer bei seiner Arbeit zuschauen und ein so schönes Brauhaus wie das Binding-Brauhaus betrachten kann. Gegenüber im Supermarkt mag man sich vorher mit einer Flasche Binding-Römer-Pils versehen und sie Gambrinus, dem Lokal-Gott, opfern.

Wird heute gefragt, zu wem eine x-beliebige deutsche Traditionsbrauerei denn aktuell gehöre, geht man mit der Antwort »zur Radeberger-Gruppe« kein großes Risiko ein. Dieses aus derzeit 14 namhaften Privatbrauereien an 16 Standorten bestehende Firmenkonsortium sitzt nicht etwa in Radeberg bei Dresden, sondern in Frankfurt am Main. Und federführend ist keineswegs die Radeberger Exportbierbrauerei GmbH, sondern die seit Urzeiten zum Oetker-Konzern gehörende Binding-Brauerei AG. Mit 13 Millionen Hektolitern Bier im Jahr ist die Radeberger-Gruppe der größte deutsche Brauereikonzern.

Die Keimzelle der 1957 erbauten Binding-Brauerei ist hingegen heute Hessens größtes Brauhaus. Die fünf riesigen Kupfersudpfannen werden vom vorbeirasenden Verkehr kaum eines Blickes gewürdigt, doch sie sind absolut sehenswert – wie auch das Gebäude insgesamt. Zeitlose Eleganz der 50er: filigrane Rippen zwischen den Fensterscheiben, die sich zum riesigen Brauschaufenster zusammengefunden haben. Transparenz at its best. Jeder soll sehen, wie sauber hier gearbeitet wird. Obenauf sitzen auf zierlichen Stäben die Buchstaben des traditionsreichen Namens: Binding, in einer sehr modernen serifenlosen Schrift, ist ja klar. Auf dass sie grün leuchten in der Nacht.

Binding schluckte zwar Henninger, doch auch diese langjährige Konkurrenz lebt jetzt in der brodelnden Ursuppe der Radeberger-Gruppe weiter. Seit der Henninger Turm fehlt, ist das Brauschaufenster Frankfurts Bierort Nummer eins.

Adresse Darmstädter Landstraße 185, 60598 Frankfurt am Main-Sachsenhausen | ÖPNV
Bus 30, 36, OF-50, 653, Haltestelle Brauerei | Tipp Bei Binding werden auch Führungen
angeboten: www.binding.de. Am Fuße des Sachsenhäuser Berges geht es links in die Hed-
derichstraße; die 114 ist das mondäne Haus der S. Fischer Verlage.

9 — Die Bismarc Media

Stopp, schon faul!

Jörg Schröder musste erst mit zwei Verlagen und einer ominösen Media-Agentur bankrott machen, um mit seinem Nachlass zu Lebzeiten ins Deutsche Literaturwalhall Marbach einzuziehen. Dort gehört das Archiv seiner Olympia Press und seines März Verlags inzwischen zu den gefragtesten Beständen.

Es ist irgendwie stimmig, dass in der Schwindstraße 3 im wieder schicken Westend nichts an Olympia Press und Bismarc Media erinnert. Mit den Pornoromanen und Pornofilmen der Olympia Press (einem deutschen Ableger der Pariser Olympia Press von Maurice Girodias) sollte Hochliteratur finanziert werden – sogar der spätere Außenminister Joschka Fischer hat sich als Schmuddelkramübersetzer sein Zubrot zu Antiquariatsjob (Karl-Marx-Buchhandlung) und Kita an der Goethe-Uni in Schröders Pornopressverlag verdient. Doch damals schoss auch der vernünftigste linke Unternehmer leicht idealistisch übers Ziel hinaus, sobald etwas Geld da war, wie Jörg Schröder selbst erzählt:

»1970 gründete ich in Genf eine Aktiengesellschaft und nannte sie Bismarc Media SA. Im Frankfurter Westend mietete ich ein Stockwerk in einem Hochhaus. Die Agentur wurde ultracool eingerichtet, an den Wänden hing Pop Art von Andy Warhol, Roy Lichtenstein und anderen. Ich engagierte Ernst Herhaus, einen Freund von Max Horkheimer, der im Stile der Kritischen Theorie dozierte und schwadronierte. Außerdem wurde eine Mitarbeiterin eingestellt, welche die ›Ideationen‹ von Herhaus und mir protokollierte. Wir verfertigten Konzeptionen ohne Kundenauftrag und verwarfen diese wieder, wie geplant. Denn die Arbeit bestand darin, Konzepte zu finden und nicht, dieselben zu realisieren. Bei der Bismarc Media hieß es laufend: ›Stopp, schon faul!‹, wenn eine Sache anfing, verwertbar zu werden, oder anschlussfähig war. … Und hätten wir die Sache zwei Jahre durchgehalten, wer weiß, wie viel ›Plenty of Nothing‹ noch entstanden wäre.«

Adresse Schwindstraße 3, 60325 Frankfurt am Main-Westend | **ÖPNV** U 6, 7, Haltestelle Westend | **Tipp** Die Suhrkamp-Zeit in der nahen Lindenstraße 29–35 dauerte von Januar 1969 bis Dezember 2009; das Gebäude wurde 2011 abgerissen. Die Nummer 27 war übrigens einst das Gestapo-Hauptquartier; der berühmte Jazzmusiker Emil Mangels-dorff saß dort einmal, zum Glück nur kurz.

10___ Der Blick vom Dom
Zwischen Hirnschale und Himmelszelt

Der Mann im Eintrittskartenhäuschen kann nicht begreifen, dass man sich das an diesem heißen Tag antut. Das kleine Treppchen windet sich ganz emsig. Schon nach einem Dutzend Umdrehungen erklären sich die vielen Notrufmikrofone entlang des steilen Sandsteinstufenweges von selbst. Untrainierte lassen das Ganze gleich und versinken lieber in Anbetung der Hirnschale des Apostels Bartholomäus in ihrem Reliquiar.

Aber für Stadterkunder gilt natürlich Bangemachen nicht, und so schieben sie auch die ernsten Gedanken an das Gewicht des Geläuts, an dem sie vorüberkraxeln, dezent beiseite. Seit vielen hundert Jahren stützt es sich mit fast 23,5 Tonnen auf die mürben Mauern, an denen sich auch unsere Treppe bis in etwa 80 Meter luftige Höhe emporwindet. Bis 1942 wohnte hier oben in der Kuppel ein Türmer, der Brände und andere Gefahren meldete.

Wenn sich oben im engen, umlaufenden Blicktunnel mal die Turmkletterer stauen, dann meist auf der Westseite, wo Skyline, Römerberg und Paulskirche winken. Kaum zu fassen, dass der Hochseilartist Philippe Petit, bekannt durch seine illegale Passage zwischen den New Yorker Twin Towers 20 Jahre zuvor, zur 1.200-Jahrfeier 1994 auf einem Seil lief, das von der Paulskirche hierher zum Westturm des Doms gespannt war. Nun gut, er lief die 350 Meter etwas tiefer, in nur 60 bis 70 Metern Höhe, aber trotzdem: Wahnsinn! Denn er stellte, begleitet vom Radio-Sinfonie-Orchester des Hessischen Rundfunks, über den 300.000 Zuschauern sogar wichtige Ereignisse aus der Stadtgeschichte mimisch auf dem Hochseil dar.

Besieht man sich das 7.000 Quadratmeter große Dom-Römer-Areal, auf dem bis 2016 insgesamt 35 neue Häuser auf den überlieferten Altstadtgrundrissen entstehen werden, darunter 15 historisierend gestaltete, fragt man sich leicht beklommen, wozu die Frankfurter in den nächsten 1.400 Jahren Geschichte wohl noch fähig sein werden.

Adresse Am Domplatz 1, 60311 Frankfurt am Main-Innenstadt | ÖPNV U 4, 5, Haltestelle Dom/Römer | Öffnungszeiten bis Okt. täglich 9–18 Uhr | Tipp Ein steinernes Porträt von Stadt- und Dombaumeister Madern Gerthener (1360–1430) klebt im Torbogen des Eschenheimer Turmes.

11 Die Börse

Besuch bei Bulle und Bär

Mit der Frage, warum es ein Bulle und ein Bär seien, die als Symboltiere vor dem Eingang der Börse stehen, beginnt die Besucherführung. Niemand weiß es so recht, obwohl es leicht zu behalten ist, wenn man sich vergegenwärtigt, wie Bulle und Bär reagieren, wenn sie angegriffen werden und kämpfen müssen. Der Stier nimmt seinen Gegner auf die Hörner und reißt das aufgespießte Opfer in die Luft. Merke: Stier steht für »rauf«. Meister Petz hebt kurzerhand die Pranke und haut seinen Angreifer platt auf die Erde. Merke: Bär steht für »runter«. Flugs die Tierchen durch Aktienkurse ersetzt, fertig ist die schwankungssichere Eselsbrücke. Der Stier symbolisiert die »Hosse«, die steigenden Kurse. Der Bär die »Baisse«, die fallenden Kurse. Internetforen diskutieren, ob ein Bär im Kampf einen Stier besiegen würde, doch die Frage bleibt offen, da noch kein Gefecht zwischen Stier und Bär beobachtet wurde.

Schon 1820 wurden in Frankfurt erstmals Aktien gehandelt, die Einweihung des Gebäudes am Börsenplatz folgte 1879. Die anderen sechs deutschen Börsenstädte sind Hamburg, Berlin, Hannover, Düsseldorf, Stuttgart und München. Träger der öffentlich-rechtlichen Frankfurter Wertpapierbörse ist die Deutsche Börse AG. Auch die Aktien der Deutsche Börse AG sind im DAX (Deutscher Aktienindex) gelistet.

Auf dem Parkett der Frankfurter Börse ist von 8 bis 20 Uhr Handelszeit. Ab drei Prozent Aktienanteil am Unternehmen zählt ein Aktionär als Großaktionär. Den früheren Handel auf Zuruf gibt es nicht mehr. Die Börsenmakler vergangener Zeit sind heute XETRA-Spezialisten. XETRA ist ein vollelektronischer Aktienhandel, der 99 Prozent des Auftragsvolumens abwickelt und Teilnehmerlizenzen an Banken in ganz Europa verkauft. Buchstäblich in Sekundenbruchteilen werden sämtliche Kursänderungen von XETRA erfasst. Das übrige eine Prozent des Aktienhandels läuft über das Parkett der Börse, wo noch richtige Menschen an Monitoren sitzen.

Adresse Börsenplatz 4, 60313 Frankfurt am Main-Innenstadt | **ÖPNV** U 1–3, 8, Haltestelle Hauptwache; Bus 36, Haltestelle Eschenheimer Tor | **Öffnungszeiten** Mo–Fr 9–17 Uhr, Anmeldungen unter Tel. 069/21111515 | **Tipp** Im »Bull & Bear«, Schillerstraße 11, hört man bei echter Crème brulée vielleicht einen Insidertipp? Öffnungszeiten: Mo–So ab 8 Uhr. Im »Nebbienschen Gartenhaus« in der Bockenheimer Anlage lädt der Frankfurter Künstlerclub e. V. zu Geldanlagen der kreativen Art: Tel. 069/235734, www.frankfurter-kuenstlerclub.de.

12 Der Bonifatiusbrunnen

In der Randrunzel von Gigantia

»Und so baut man fröhlich Legohaus an Legohaus immer näher an den unterirdischen Brunnen heran. Dann fallen die ersten Bäume, dann fällt der ganze Hain …«, beschrieb die Frankfurter Rundschau trefflich die damalige dramatische Situation. Heute gibt es Frankfurts einst romantisch gelegenen Brunnen am Fuße des Riedbergs nicht mehr. Wenn man nach nervtötendem Durchsuchen der postrationalistischen Steinansammlung der »Weißen Stadt« endlich die kleine gefliese Ablaufrinne gefunden hat, steht der Wanderer auf dem »Bonifatiuspilgerweg« ratlos davor.

Das Bonifatiuskreuz ist nicht in diese Verunstaltung der heiligen Quelle miteinbezogen, die doch zu Ehren des hier kurz ruhenden Leichnams einst entsprungen war. Verloren steht es abseits zwischen sauberen Bodendeckern und sieht – wenngleich erkennbar neueren Datums – reichlich alt aus. Wesenloses Parkgestrüpp überzieht den Hang, hinter dem sich unterm Decknamen »Bonifatiuspark« eine 7,5 Hektar große, begraste Landebahn der Götter erstreckt – ebenso rationell zu pflegen wie der 11,9 Hektar messende Kätcheslachpark jenseits der Riedbergallee. Auf der »Geopark«-Hinweistafel werden fränkische Ammoniten in den gigantischen Juramauern der Landschaftstreppe beschrieben. Ja, bitte schön, was sollen die denn eigentlich hier im Tertiär? Zwei Milliarden Euro werden bis 2017 in die Stadt der gesichtslosen Dutzendarchitektur investiert sein, und es wird sicher ein Vielfaches an Gewinn für alle an der steinernen Sahnetorte Beteiligten herausspringen.

Der Apostel der Moderne musste sterben, weil die Reaktionäre ihn fürchteten. Mit der Axt in der Hand hat er eigenhändig einen Baum gefällt, der heute sicher unter Naturschutz stünde: die Donar-Eiche. Das Alte, Heidnische hinwegfegen, das Neue, Christliche bauen. Eigentlich geschieht diesem Feind des Gewachsenen, Wildidyllischen, Geheimnisvollen dieser grauenhafte Unbrunnen in der Randrunzel der Gigantenstadt ja sogar ganz recht!

Adresse Am Bonifatiusbrunnen, 60438 Frankfurt am Main-Riedberg | **ÖPNV** U 8, Haltestelle Riedberg; Bus 24, 28, 29, Haltestelle Bonifatiusstraße | **Tipp** Nahe am Brunnen wurden durch Luftbilder die Reste der Crutzenkirche (Kreuzkirche) von 1256 entdeckt und ihre Umrisse mit Pflastersteinen markiert.

13 Der Bunkerspielplatz

Nazibunker in New Atterberry

Im Bombenschacht eines Avro-Lancaster-Bombers etwa steckte die Flächenbombardement-Mischung »Usual« aus Brandbomben und der 4.000-Pfund-Bombe »Cookie«. Was sich liest wie der Titel einer Rasenmischung, vernichtete ganze Stadtviertel in wenigen Stunden. Am 22. März 1944 wurden Frankfurts Altstadt und der Osthafen von der Royal Air Force in Schutt und Asche gelegt. Zur Erinnerung: Mit dem seither als Kriegsverbrechen geltenden Flächenbombardement hatten die Deutschen 1940 angefangen und 43.000 wehrlose Engländer in schutzlosen Städten getötet.

Im März 1945 zogen amerikanische Truppen über die Wilhelmsbrücke – die daher heute Friedensbrücke heißt – in die Stadt ein. Das US-Hauptquartier wurde von Reims nach Frankfurt verlegt und residierte bald im einstigen IG-Farben-Haus. Die Kurhessen-Kaserne neben der Friedberger Warte, seit 1936 Garnisonssitz der Wehrmacht, wurde zu »Housings« für die GIs.

Ein halbes Jahrhundert später konnten Betts-Kaserne und Atterberry-Kaserne endlich abgerissen werden. Die westfälische Sahle-Wohnen GmbH versah das Gelände ab 2003 mit zivilen Wohnkasernen. »New Betts« und »New Atterberry« heißen die Viertel in verwirrendem Gedenkamerikanisch. Doch nicht alles wurde beim Abriss geschleift. Auf dem Kitagelände neben der Valentin-Senger-Schule an der Valentin-Senger-Straße hielt ein Abwehrgeschützbunker aus dem Bombenjahr 1944 mit spätem Beton-Trotz allen feindlichen Angriffen stand. Zur Strafe muss er jetzt als lustiger Sprungturm für die Kids von New Atterberry herhalten und ist damit endlich doch einmal von Nutzen.

Valentin Senger übrigens war ein Frankfurter Schriftsteller, der in seinem bekanntesten Buch, »Kaiserhofstraße 12«, beschrieben hat, wie seine Familie als einzige jüdische Familie in Frankfurt das zwölfjährige Dritte Reich des wahnsinnigen Herrn Hitler überlebte. Er wohnte zuletzt in der Morgensternstraße 34 in Sachsenhausen.

Adresse Valentin-Senger-Straße 9, 60389 Frankfurt am Main-Seckbach | ÖPNV Tram 18, Bus 30, Haltestelle Friedberger Warte | **Tipp** Der nahe Wasserpark beinhaltet Bunker ganz anderer Art: Frankfurts älteste Trinkwasserspeicher. Man beachte auch Frankfurts Bunkerportal: www.bkffm.siemavisuart.de.

14 Die Caricatura

Kommt ein Witz ins Museum

Im Mausoleum der Neuen Frankfurter Schule erwarten den Besucher in der Dauerausstellung 4.000 Originale der Zeichner F. W. Bernstein, Robert Gernhardt, Chlodwig Poth, Hans Traxler und F. K. Waechter. Jedem ist ein eigenes Kabinett gewidmet, die ausgestellten Werke werden turnusmäßig ausgetauscht. Das einzige Museum Deutschlands, in dem laut gelacht werden darf, ist in einem bedeutenden, denkmalgeschützten Gebäude untergebracht. In den über 600 Jahren fungierte das Leinwandhaus schon als Gericht, Gefängnis, Schlachthaus und Asyl für Geisteskranke.

Die Crew der Neuen Frankfurter Schule entstand, als die Redaktion der Zeitschrift »pardon« in den 1970er Jahren auseinanderbrach. Waechter, Gernhardt, Henscheid und andere »pardon«-Mitarbeiter taten sich zusammen und brachten 1979 die erste Ausgabe des Satiremagazins »Titanic« heraus. Den prägnanten Namen gaben sich die Herren zu Ehren Adornos und Horkheimers, doch der Versuchung, dem intellektuellen Niveau der Frankfurter Schule nachzueifern, widerstand die Neue Frankfurter Schule aus Rücksicht auf ihre – überwiegend männlichen – Leser vorsorglich von Anfang an. An die Rekordauflagen des Mutterschiffs »pardon«, die mit monatlich 320.000 gedruckten Exemplaren lange Europas größte Satirezeitschrift war, kam das Frankfurter Satiremagazin trotz unermüdlicher Provozierungsarbeit nie heran. Ohne »Titanic« wäre Helmut Kohl nicht »Birne« geworden. Als Dauerzielscheibe wurde er Titelsieger. »Titanic« brachte es auf über fünfzig Gerichtsverfahren, verbotene Ausgaben und zahlreiche einstweilige Verfügungen. Jetzt werden die komischen Titanen in einem Museum gewürdigt.

Frankfurt bleibt deutsche Satirehauptstadt. Aber im Leitbild der Caricatura steht, dass ihr übergeordnetes Ziel »die Weltherrschaft der Komischen Kunst« sei. Kaiser Wilhelm II. schon forderte: »Am deutschen Späßchen soll die Welt jeneßchen.«

Adresse Weckmarkt 17, 60311 Frankfurt am Main-Innenstadt | **ÖPNV** U 4, 5, Haltestelle Dom / Römer | **Öffnungszeiten** Di – So 10 – 18 Uhr, Mi 10 – 21 Uhr | **Tipp** Autogrammjäger aufgepasst: Die »Titanic«-Redaktion befindet sich in der Sophienstraße 8, 60487 Frankfurt am Main-Bockenheim.

15 Das Citymodell

Allen Abrissen gewachsen

Jeder Modellbauer weiß, was für eine Arbeit es ist, auch nur ein Kuhdorf aufzubauen. Das Citymodell jedoch zeigt einen Großstadtausschnitt von annähernd 10.000 Wohneinheiten auf 54 Quadratmetern im Maßstab 1:500, inklusive Frankfurter Hauptbahnhof und sämtlichen Wolkenkratzern der berühmten City-Skyline von Mainhattan! Einzige Erleichterung: Da sich die Höhendifferenzen in der City in Grenzen halten, liegt im Planungsdezernatsmodell alles schön plan.

Das prachtvolle Modell füllt fast das ganze Atrium des Neubaus. Die Kombination von Modell und Interieur ist so attraktiv, dass man sich am Edelstahlhandlauf rund um das Citymodell festhalten muss, um nicht umzukippen. Kaum zu fassen, dass man jetzt in der Stadt steht, die hier aufgebaut ist. Eine große Uhr lässt ermessen, wie lange man in der Betrachtung versunken war. Die gläserne Aufzugröhre, von schwarzen Streben umrankt, scheint direkt in die Zukunft zu führen, doch sie endet schon nach wenigen Metern wieder. Ein Nebenmodell erläutert die künftige Hochhausplanung der Stadt.

Spannend am Modell ist überdies seine Geschichte. Es stand zuvor im Technischen Rathaus, einem der eindrucksvollsten Beispiele für die Baulust der Frankfurter. 1974 fertiggestellt, ein Bau im Betonzuckerbäckerstil der Zeit, wurde es schon 38 Jahre später wieder dem Erdboden gleichgemacht. Die Modellhäuschen des darin befindlichen Citymodells wurden vorsichtig von der Grundplatte befreit und auf 42 neue Platten umgebettet, zuvor gereinigt und bei Bedarf restauriert. Neue Gebäude können künftig einfacher eingefügt werden – man holt sich einfach die jeweilige Platte heraus und arbeitet in der Werkstatt daran. Gut geplant, denn sollte das Planungsdezernat doch versehentlich oder vorsätzlich abgerissen, will sagen: rückgebaut werden, wäre der Umzug des Modells ein Sandkastenspiel.

Adresse Kurt-Schuhmacher-Straße 10, 60311 Frankfurt am Main-Innenstadt | ÖPNV Tram 11, 12, 18, Bus 30, 36, Haltestelle Börneplatz | Öffnungszeiten Mo–Fr 8.30–12.30 Uhr, Mi 13.30–15.30 Uhr | Tipp Am Dominikanerkloster gegenüber ist nur der Chor der Heiliggeistkapelle wirklich alt; alles andere wurde nach dem Zweiten Weltkrieg gebaut.

16 __ Die Dachimkerei

Honiglounge für Großstadtbienen

In der Tiefe rauscht Tag und Nacht der Stadtverkehr. Hoch über den Straßenschluchten kreuzen Flugzeuge im Luftraum. Zwischen BMWs und Boeings startet im Licht der Morgensonne eine 650.000 Arbeiterinnen starke Flotte in niedlichen goldbraunen Pelzchen. Vom Dach des MMK aus düsen die Großstadtbienen zum Sammelflug durch Frankfurts City. Schon die Honigernte der ersten vier Bienenvölker der Künstlergruppe »finger« übertraf in ihrer Qualität alle Erwartungen. Für Maja und ihre Freunde sind die Lebensbedingungen in der Großstadt unerwartet gut. Grüngürtel, Parkanlagen, Schrebergärten und Friedhöfe bieten den »Immen« gute »Tracht«. So heißen bei Imkern die Bienen und ihre Nahrung.

Honigbienen sind rekordverdächtige Workaholics. Das Sammelgebiet eines Bienenvolkes erstreckt sich auf etwa fünfzig Quadratkilometer. Frankfurts Stadtgebiet ist ungefähr 248 Quadratkilometer groß. Fünf tüchtige Bienenvölker können also das gesamte Frankfurter Stadtgebiet befliegen. Bis der gesammelte Nektar für ein Glas Honig ausreichend ist, müssen Arbeitsbienen rund 40.000-mal ausfliegen und dabei zwei bis sieben Millionen Blüten besuchen. An guten Tagen können Sammlerinnen eines Volkes mehrere Kilogramm Blütennektar einfliegen.

Stadtimkerei boomt. Der neue Trend zum Imkern kam vor einigen Jahren aus New York City und hält an, denn mehr und mehr Großstädter begeistert es, in einer eigentlich nicht gesunden Umgebung ein so äußerst gesundes Lebensmittel wie Honig mit einfachen Mitteln selbst gewinnen zu können. Die Bienenväter und Künstler Florian Haas und Andreas Wolf haben auf dem Dach des Museums für Moderne Kunst neben zwölf Bienenstöcken auch einen beeindruckenden Lehrpfad zum Thema Stadtimkerei aufgebaut. In Workshops können Kinder oben auf dem Flachdach das Innere der Bienenstöcke entdecken. Dabei wird den Bienenvölkern Wachs abgenommen und von den Kindern zu Wachsmalstiften weiterverarbeitet.

Adresse MMK Frankfurt, Domstraße 10, 60311 Frankfurt am Main-Innenstadt; Anmeldung unter Tel. 069/21240691 oder kunstvermittlung.mmk@stadt-frankfurt.de | **ÖPNV** U 4, 5, Haltestelle Dom/Römer; Tram 11, 12, Haltestelle Römer/Paulskirche | **Tipp** Mit der »beebox« startete 2009 in einem Ladengeschäft in der Frankfurter Innenstadt (Alte Mainzer Gasse 4–6) ein weiteres, langfristig in Frankfurt angesiedeltes Projekt der Stadtimkerei/finger. Der Delikatessenladen hält Stadthonige aus Frankfurt und weiteren Städten wie Hamburg oder Berlin vorrätig.

17 Die Dachterrasse

Höchste Freude

Ein heißer Sommertag im Bahnhofsviertel von Frankfurt. Im »Levi's 25hours« werden den durstigen Stadtwanderern zwei eiskalte XXL-Zitronenlimonaden an den Tisch gebracht. Sosehr sie sich nach Erfrischung sehnen, bevor sie wie Kolibris an den Strohhalmen hängen, muss erst die entscheidende Frage geklärt werden: »Können wir die mit rauf aufs Dach nehmen?« – »Selbstverständlich könnt ihr das. Genießt es!«

In einem Fahrstuhl-Kunstwerk der Designer Buhro und Dreher sausen sie himmelwärts. Man ist gespannt, welchen Blick man da oben hat und kann es kaum erwarten. Was über das »rooftop« im Internet zu finden ist, verspricht ja einiges. Die letzte Tür öffnet sich: Tatsächlich steht man nach einer letzten Glastür samt Drink in der Hand auf einem echten Frankfurter Hochhausdach! Schon der erste Eindruck ist überwältigend: Oben kalifornisch blauer Himmel und rundum hinter der weitläufigen Dachterrasse – einem Penthouse-Traum á la Hollywood – die Wolkenkratzer. Was man sich kaum vorzustellen vermag, bevor man oben war: wie ruhig es sein kann, mitten in Frankfurt. Zwar hört man den Lärm der Stadt. Aber gleichzeitig hat man hier oben den Kopf in der Stille. Die Limonade schmeckt großartig, wie selbst gemacht. Eine kleine halbe Stunde lang sitzt man vielleicht in der Sonne, der man in diesem Augenblick näher ist als die meisten anderen in der Stadt, ruht ein bisschen aus und ist restlos glücklich.

Erholt geht es zurück in den Art-Lift, vielleicht noch rasch in die Herren- oder Damenabteilungen für gebrauchte Zitronenlimonade: Jeder muss anschließend zugeben, selten künstlerischer gestaltete Doppelnullzonen gesehen zu haben. Durchs ganze Hotel führt die kreative Fährte von Delphine Buhro und Michael Dreher, die mit Hingabe und unerschöpflichem Einfallsreichtum die Räume, Nischen und das Mobiliar entwarfen. Sie gestaltet das Label George, Gina & Lucy, er ist der kreative Kopf des Revolver-Verlag-Buchladens im »Levi's 25hours«. Und vieles ist tatsächlich aus blauem Denim.

Adresse 25hours Hotel by Levi's, Niddastraße 58, 60329 Frankfurt am Main-Bahnhofs-viertel | **ÖPNV** S 1–9, U 4, 5, Haltestelle Hauptbahnhof | **Tipp** Außergewöhnlich ist das Spezialitätenrestaurant »Im Herzen Afrikas« in der Gutleutstraße 13. Küche aus Eritrea und afrikanisches Bier (*Pembe* hell-naturtrüb und *Muindu* dunkel-malzig) zu moderaten Preisen. Öffnungszeiten Mo–So 18–1 Uhr.

18__Die dunkle Ecke

Was, du Schwein willst Arzt sein?

Ausgerechnet im Saalbau Gallus, wo auf Veranlassung Fritz Bauers von 1963 bis 1965 die Auschwitz-Prozesse stattgefunden hatten, durfte am 28. September 1985 ein NPD-Treffen abgehalten werden, wogegen etwa tausend Menschen an der Ecke Frankenallee / Hufnagelstraße heftig protestierten. Die Polizei eskortierte die NPDler und ging mit Wasserwerfern und Schlagstöcken laut Anordnung »kompromisslos« gegen die zunächst friedlichen Demonstranten vor.

Ein Wasserwerferstrahl wirft den 36-jährigen Günter Sare zu Boden. Ein zweiter Wasserwerfer kommt um die Ecke und hält kurz an. Obwohl die Besatzung den Demonstranten bei heller Beleuchtung gesehen haben muss, da sie mit den Wasserkanonen gezielt auf ihn schießt, fährt der Wasserwerfer an und überrollt Günter Sare. Zwei Sanitäter und ein Arzt, die dem Verletzten zu Hilfe eilen, werden von der Polizei behindert (»Was, du Schwein willst Arzt sein?«). Sie müssen Günter Sare vor einen Autoscheinwerfer bringen, um ihn versorgen zu können, da die Polizei die Stelle nicht ausleuchtet. Erst nach zwanzig Minuten trifft der Notarztwagen ein, in dem Günter Sare stirbt. Als sich ein Demonstrantenzug scheibenzerschmetternd in die City bewegt, fahren die Wasserwerfer hinterher, und aus der Polizeikette tönt es: »Morgen seid ihr dran.«

Der Rechtsstreit um Sares Tod geht durch zwei Instanzen. 1990 spricht das Landgericht Frankfurt die Besatzung des Wasserwerfers (Typ Wawe 9 IV / 1, Kennzeichen WI – 3026, 15 Atü Strahldruck, Gewicht 26 Tonnen) vom Vorwurf der fahrlässigen Tötung frei. Der Demonstrant selbst habe die Verkehrslage falsch eingeschätzt. In der »Kampfsituation«, so das Gericht, sei jedem Demonstranten bewusst, dass er auf Wasserwerfer zu achten habe. Günter Sare war der sechste getötete Demonstrant nach Philipp Müller am 11. Mai 1952, Benno Ohnesorg am 2. Juni 1967, Rüdiger Schreck am 15. April 1968, Klaus Frings am 17. April 1968 und Klaus-Jürgen Rattay am 22. September 1981.

Adresse Hufnagelstraße 29, Ecke Frankenallee, 60326 Frankfurt am Main-Gallusviertel | **ÖPNV** S 3–6, Tram 11, 21, Haltestelle Galluswarte | **Tipp** In der Kölner Straße 14 ereignete sich am 7. Dezember 1955 die bislang größte Gasexplosion in der Frankfurter Geschichte. 27 Personen starben, als das gerade erst bezugsfertig gewordene fünfstöckige Wohnhaus daraufhin einstürzte. 1957 wurde es nach identischem Plan neu gebaut.

19__ Die Eisenbahnbrücke Nied

Hessens dienstälteste Eisenbahnbrücke

Zwischen Willy-Brandt-Platz und Hauptbahnhof liegt historisch interessantes Terrain. Vor 1888 befanden sich hier drei kleine Westbahnhöfe: der Bahnhof der Main-Neckar-Bahn zwischen Frankfurt und Heidelberg, der Bahnhof der Taunus-Eisenbahn zwischen Frankfurt und Wiesbaden sowie der Bahnhof der Main-Weser-Bahn zwischen Frankfurt und Kassel. Neckarstraße, Taunusstraße und Weserstraße erinnern namentlich noch daran. 1888 wurden die alten Westbahnhöfe abgerissen und die Gleise zurückgebaut. Auf der Bahnbrache entstand das heutige Bahnhofsviertel.

Alles begann am 26. September 1839 mit der Taunus-Eisenbahn zwischen der Freien Stadt Frankfurt und der Stadt Höchst im Herzogtum Nassau. Der verantwortliche Planungsingenieur, Paul Camille von Denis, hatte schon die allererste Eisenbahn mit Dampfbetrieb auf deutschem Boden, die Bayerische Ludwigsbahn zwischen Nürnberg und Fürth, konzipiert und bautechnisch betreut. Bis zu seinem letzten Werk, der Rheinbrücke in Mannheim-Ludwigshafen 1866, verwirklichte er rund tausend Kilometer Eisenbahn.

Die 41,2 Streckenkilometer der Taunus-Eisenbahn gibt es noch immer. Heute verkehren auf ihr die Flirt-Züge (flinke, leichte, innovative Regional-Triebzüge) der Frankfurter Eisenbahngesellschaft VIAS (VIA für Weg und S für Service). Auf der Fahrt Richtung Höchst dürfen die Fahrgäste, wenn sie wollen, hinter dem Bahnübergang Oeserstraße den Atem anhalten. Die hübsche Sandsteinbrücke, die als Nächstes kommt, steht seit sage und schreibe 175 Jahren unverändert im Dienste der Eisenbahn. Viele einstige Niddahochwasser und zwei Weltkriege hat sie überlebt.

Zu Fuß erreicht man sie vom S-Bahnhof Nied in gemütlichem Spaziergang in einer knappen Viertelstunde: Am Kahnplatz muss man sich links halten, an den Kleingärten vorbeischleichen und immer dem S-Bahndamm bis zur Nidda folgen. Beim Blick nach rechts sieht man sie schon.

Adresse 65934 Frankfurt am Main-Nied | **ÖPNV** Zur Überfahrt: SE 10 von Haltestelle Frankfurt-Hauptbahnhof bis Haltestelle Frankfurt Höchst. Zur Besichtigung von unten: S 1, 2, Haltestelle Nied | **Tipp** Es gibt noch zwei weitere Gebäude aus der Gründungszeit der Taunus-Eisenbahn: das Flörsheimer Bahnhofsgebäude und den Bahnhof Hochheim. Also vielleicht gleich einmal nach Wiesbaden und zurück fahren?

20___ Die EZB

Am Euro hängt alles

Abseits des Bankenviertels steht ein neues Wahrzeichen Frankfurts, genauer gesagt Europas. Erbaut wurde die neue Europäische Zentralbank auf dem Gelände der historischen Großmarkthalle, einem monumentalen Bauwerk des Tübinger Architekten Martin Elsaesser. Mit 13.000 Quadratmetern Fläche war die Halle bei ihrer Eröffnung im Jahr 1928 das größte Gebäude Frankfurts. Dazu gehörte ein Güterbahnhof, auf dem Frischware für Gastronomie und Einzelhandel umgeschlagen wurde. Während der Jahre 1941 bis 1945 zwangen die Nationalsozialisten Frankfurter Juden, sich im Keller der Großmarkthalle zu versammeln. In fensterlose Güterwagen gesperrt, wurden die Menschen von hier aus in die Vernichtungslager gefahren. Der Neubau der EZB wahrt das Gedenken an sie.

Auch deshalb erhielt der Wiener Architekt Wolf Dieter Prix für seinen Entwurf den Hessischen Kulturpreis, mit 45.000 Euro der höchstdotierte Kulturpreis Deutschlands. Mit Frankfurts jüngstem Wolkenkratzer, der es auf stolze 185 Meter Höhe (Antenne nicht mitgerechnet) und 1,2 Milliarden Euro Baukosten bringt, ist dem weltbekannten Dekonstruktivisten und Mitglied der Architektengruppe »Coop Himmelb(l)au«, Wolf Prix, trotz unmittelbarer Konkurrenz zu Frankfurts legendären Banktürmen ein Architekturwunder gelungen, dessen kühne Ausführung keinen Zweifel an Stärke und Stabilität des Euros mehr gelten lässt.

Gegründet wurde die EZB 1998 mit dem Ziel, die Kaufkraft des Euros und die Preisstabilität in der Eurozone zu sichern. Aufgrund der Verschiedenheit der europäischen Nationen und ihrer sehr unterschiedlichen Industrien hat die politische Wirklichkeit innerhalb der Eurozone die hohen Erwartungen an eine gemeinsame Währung in den letzten Jahren gedämpft. Ihre große Verantwortung für die Mitgliedsländer der Eurozone – also für die Menschen, die darin leben – wird deshalb für die Entscheidungen der Europäischen Zentralbank richtungsweisend bleiben müssen.

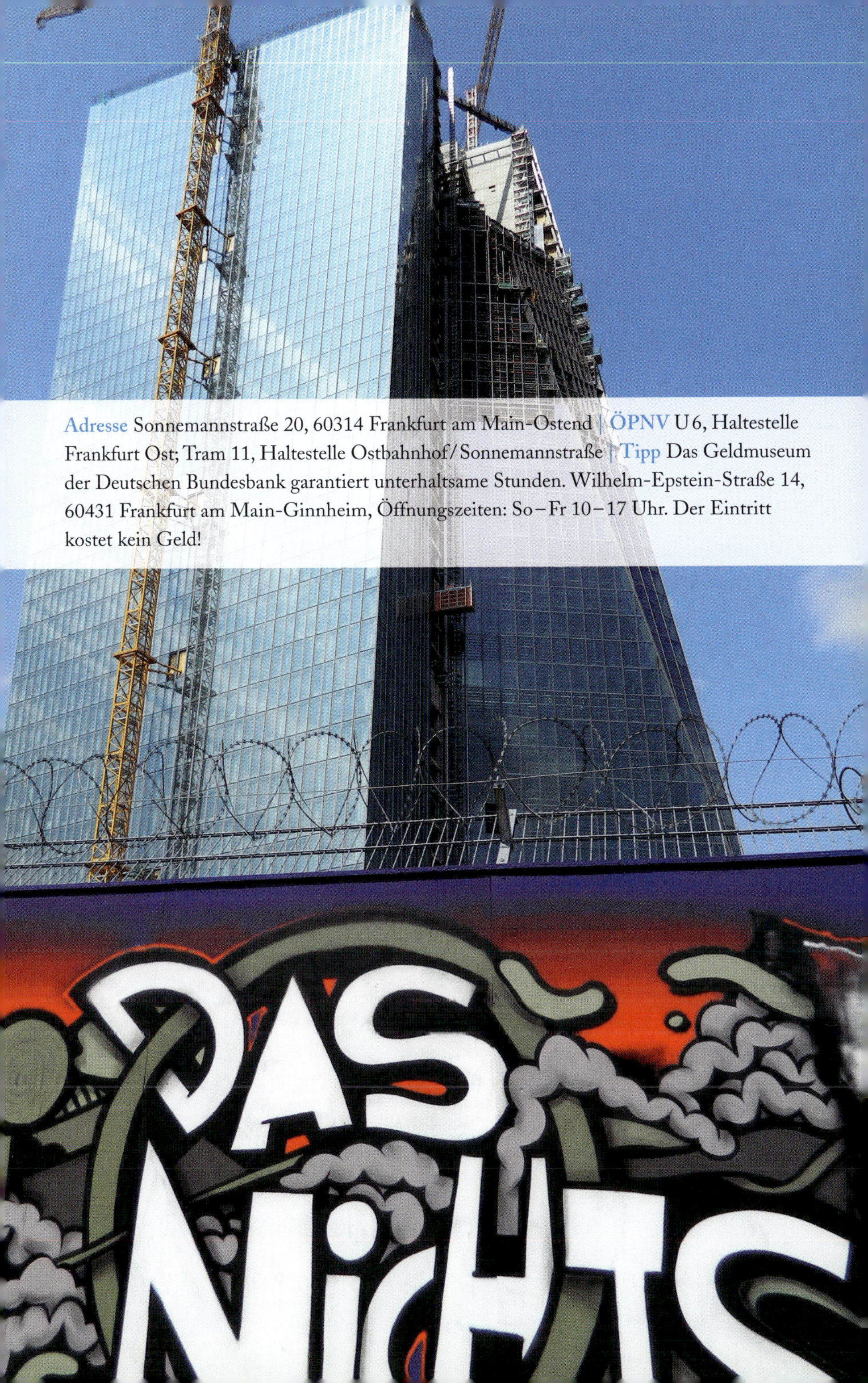

Adresse Sonnemannstraße 20, 60314 Frankfurt am Main-Ostend | **ÖPNV** U 6, Haltestelle Frankfurt Ost; Tram 11, Haltestelle Ostbahnhof / Sonnemannstraße | **Tipp** Das Geldmuseum der Deutschen Bundesbank garantiert unterhaltsame Stunden. Wilhelm-Epstein-Straße 14, 60431 Frankfurt am Main-Ginnheim, Öffnungszeiten: So−Fr 10−17 Uhr. Der Eintritt kostet kein Geld!

21 Die EZM

Die Europäische Zentralmetzgerei

Karl Gref und Wilhelmine Völsing gründeten frisch verheiratet 1894 ihre Metzgerei im Haus »Zum goldenen Kalb« in der Schnurgasse. Der begnadete Gref erstritt 1905 auf der Frankfurter Kochkunstausstellung und 1908 in Wien Goldmedaillen für seine »Frankforter Rindswürscht« und vergrößerte das Unternehmen rasant. 1913 baute er ein Geschäftshaus mit Fabrikgebäude am neuen Osthafen. So riskant das vielleicht anfänglich auch war – der Weitblick zahlte sich aus. Die Gegend ist heute eine prosperierende Wurstverzehrersiedlung.

Hier wurde Gref zum Vorreiter in der Wurstproduktion – erste Metzgerei mit Elektroanschluss, erste Frankfurter Metzgerei mit Auslieferungsautomobil (seit 1928) und dann sogar Ideenschmiede des Deutschen Fleischerhandwerks. Nach 1945 erfand Sohn Hermann Gref den sogenannten Wurstclip: eine Metallklammer zum Abbinden des Darms. Die echte Gref trägt ihn heute in Blau. Ohne Automatisierung wäre das ständig wachsende Heer der Gref-Fans nicht zu versorgen gewesen.

Wer heute hierherkommt, der tut dies meistens in Gestalt eines schwer gestressten Büroangestellten oder Touristen und will sich nicht weiter mit Historie und alten Geschichten befassen. Sein ganzer Sinn, benebelt von den einzigartigen Düften in der Metzgerei oder im benachbarten Gref-Völsings Grill, ist auf den Erwerb einer von zwei Wurstclips begrenzten echten Frankfurter Rindswurst oder einer anderen heißen Köstlichkeit gerichtet.

Der EU-zertifizierte Fleschereibetrieb achtet sehr auf gute Rohmaterialien in der Wurst. In den vergangenen 30 Jahren wurde das Sortiment ständig erweitert. Gab es früher nur heiße Wurst, Leberkäs und Solber (»Sollwerflaasch«: eingesalzenes, gepökeltes Schweinefleisch), so gibt es heute ein reiches Angebot an hausgemachten Spezialitäten und Qualitätsfleisch aus der Hohenloher Region. Auch Exil-Frankfurter lassen sich weltweit mit Carepaketen aus der Hanauer Landstraße versorgen.

Adresse Gref GmbH, Hanauer Landstraße 132, 60314 Frankfurt am Main-Ostend |
ÖPNV Tram 11, Haltestelle Osthafenplatz | **Öffnungszeiten** Mo 7–14 Uhr, Di–Fr
7–18 Uhr, Sa 7–13 Uhr | **Tipp** Eines der wenigen jüdischen Lebensmittelgeschäfte in
Deutschland ist die Moses Heller OHG, Hanauer Landstraße 50, 60314 Frankfurt am
Main-Ostend.

22 Die Fassbinderwohnung

Glücklich war er in Frankfurt nicht

»Frankfurt ist kein Ort des freundlichen Mittelmaßes, der Egalisierung von Gegensätzen, nicht friedlich, nicht modisch, nett, Frankfurt ist eine Stadt, wo man an jeder Straßenecke überall und ständig den allgemeinen gesellschaftlichen Widersprüchen begegnet, zumindest, wenn man nicht gleich über sie stolpert, den Widersprüchen, an deren Verschleierung sonst allerorten recht erfolgreich gearbeitet worden ist«, äußerte Fassbinder in seinen Frankfurtjahren. Als Dramatiker blieb er auf der Strecke. Dafür hatte er es nach dem letzten Drink in Frankfurts ältestem Schwulenlokal »Comeback« nicht weit ins Bett, seine Wohnung befand sich genau darüber, und zum Theater am Eschenheimer Turm waren es auch nur 800 Meter.

Im ehemaligen »Theater am Turm« (TAT) wirkte Fassbinder während der Spielzeit 1974/75 als Intendant. Und er schrieb dort sein Schauspiel »Der Müll, die Stadt und der Tod«, das wegen seines vermeintlichen Antisemitismus einen Theaterskandal auslöste. »Mich hat Frankfurt schon interessiert, weil ich da gelebt habe, leider. Es sollte von Anfang an nur diese eine Aufführung in Frankfurt geben, […] die was über Frankfurt gesagt hätte, wie die Situation war in Frankfurt«, meinte RWF, der die Welturaufführung nicht mehr erlebte. Sie fand 1987 in einem Kellertheater in New York unter dem Titel »Trash, the City, and Death« am Lower Broadway statt.

Fassbinder blieb schmerzvoll mit Frankfurt verbunden. Nach dem Freitod seines Geliebten, des Schauspielers Armin Meier, drehte er hier 1978 sein Transsexuellen-Drama »In einem Jahr mit 13 Monden«. Dem Mitbegründer des Neuen Deutschen Films gelang die Synthese von Kino und Theater. »Ich will Filme machen, die so schön und wunderbar sind wie die Hollywoodfilme, aber nicht so verlogen«, sagte er. »Der amerikanische Film ist spannend und unterhält sein Publikum, weil er eben nicht versucht, Kunst zu sein. Ich mag Kunst nicht.«

Adresse Alte Gasse 33–35, 60313 Frankfurt am Main-Innenstadt | **ÖPNV** Bus 36, Haltestelle Alte Gasse | **Tipp** Im Gebäude des ehemaligen TAT (das mit Peter Handkes »Publikumsbeschimpfung« legendär wurde) wird heute wieder gespielt. Theater zwar nicht, aber großes Kino. CineStar Metropolis, Eschenheimer Anlage 40, 60318 Frankfurt am Main.

23 — Das Fenster zur Stadt

Café und Cuisine beim Haus des Buches

Begeisterte fünf Sterne hat das Stadtmagazin »Prinz« dem Restaurant Margarete verliehen. Seinen Namen verdankt es der Wiener Architektin Margarete Schütte-Lihotzky, Erfinderin der »Frankfurter Küche« und damit geistige Mutter der modernen Einbauküche. In seiner klaren Gestaltung folgt das Restaurant dem funktionalistischen Ansatz der 1920er Jahre, ohne bei aller Optimierung der Arbeitsabläufe an Wärme und Gastlichkeit zu verlieren. Außerdem wird »Frankfurter Küche« hier mit Augenzwinkern wörtlich verstanden, als weltoffenes Haus des Gastes, mag der nun zum Frankfurter Kulturbetrieb gehören, Bürger der Weltstadt oder Besucher sein. In historisch einmaliger Lage und direkter Nachbarschaft zur Paulskirche, dem Römer und dem Dom liegt das Restaurant Margarete im Herzen der historischen Altstadt.

In der Küche, die in offener Konstruktion mit dem Restaurant verbunden ist, steht Küchenchef Simon Horn. Sein Kochbuch »Kochen mit Alkohol« erhielt den Gourmand Award. Gemeinsam mit Betreiberin Raffaela Schöbel führt er seit Jahren erfolgreich das »Restaurant Blumen« im Stadtteil Nordend. Was die beiden gebürtigen Frankfurter mit Können, Stil und Sorgfalt in die Hand nehmen, führt garantiert zum Erfolg.

Ein besonderer literarischer Treffpunkt gehört zum Restaurant: das Fenster zur Stadt. Betreut von Wolfgang Schopf, Germanist und Leiter des Literaturarchivs der Goethe-Universität, und Magistra Vera Kern, fungiert das helle Café als Ausstellungsraum und öffentliches Denklabor, als im Herzen Frankfurts gelegener Ort, an dem deutsche Literatur- und Verlagsgeschichte auf fundierte, aber erfrischend unakademische Weise vermittelt wird. Monatlich wechselnde Ausstellungen und Literaturveranstaltungen sowie zur Herbstzeit ein volles Programm rund um die Buchmesse prägen das »Fenster zur Stadt« mit nonchalantem Charme und anziehend unangestrengter Beiläufigkeit.

FENSTER
ZUR
STADT

Adresse Restaurant »Margarete«, Braubachstraße 18−22, 60311 Frankfurt am Main-Innenstadt | **ÖPNV** U 4, 5, Haltestelle Dom/Römer | **Öffnungszeiten** Mo−Mi 11−23 Uhr, Do−Fr 11−0.30 Uhr, Sa 10−0.30 Uhr, So 10−22 Uhr | **Tipp** Gleich um die Ecke, Braubachstraße 16, liegt das »Haus des Buches«, die Schaltzentrale der Frankfurter Buchmesse.

24_ Die Fleischfresser
Wespen sind mein Gemüse

Ihre Heimtücke ist perfide. So hinterhältig wie die Schlauchpflanzen beim Beutefang vorgehen, kommt man unwillkürlich auf die Idee, sie täten es *bewusst*. Es ist wie im Krimi. In aller Stille geht ein ausgebufftes Manöver über die Bühne. Dann der lautlose Mord. Am Schluss ist es unmöglich, die Leiche zu identifizieren. Stundenlang hat sie in Verdauungsenzymen gelegen. Ihr Leib ist bis zur Unkenntlichkeit entstellt.

So grausam die Schlauchpflanze mordet, die Zahl ihrer Bewunderer nimmt trotzdem ständig zu. Es mag damit zusammenhängen, dass sich Schlauchpflanzen ihre Opfer mit besonderer Vorliebe unter denjenigen Insekten suchen, die bei Kindern und Erwachsenen ausgesprochen unbeliebt sind: Fliegen und Wespen. Außerdem sind Schlauchpflanzen wie alle »Karnivoren« (fleischfressende Pflanzen) umwerfend schöne Designobjekte. Die Schläuche haben kräftige Farben, von Hellgrün bis Burgunderrot, und enden in einem Deckel, dem »Operculum«, über der Schlauchöffnung. Der Deckel hält das Innere der Pflanze bei Regen trocken. Auf seiner Innenseite befinden sich wichtige Drüsen. Sie sondern intensiv duftenden Nektar ab, der Insekten anlockt. Ist das Opfer auf der Pflanze gelandet und krabbelt dem appetitanregenden Duft hinterher, rutscht es an der wachsartig glatten Innenseite des Schlauches ab. Unten in der Röhre liegt die Verdauungszone der Pflanze. Enzyme beginnen das Insekt aufzulösen, wodurch die Pflanze ihre benötigten Nährstoffe aus der Beute zieht.

Bienen kann nichts passieren. Die Blüten der Schlauchpflanzen sitzen an langen Stielen und sind weit genug von der Falle entfernt, um sie nicht in Gefahr zu bringen. Schließlich ist die Pflanze darauf angewiesen, dass ihre Bestäuber unversehrt bleiben. Ein Aufenthalt in der Blüte der Schlauchpflanze ist ungefährlich, denn Nektar und Pollen fleischfressender Pflanzen sind so harmlos wie die ihrer vegetarisch lebenden Artgenossen.

Adresse Palmengarten, Siesmayerstraße 61, 60323 Frankfurt am Main-Westend | **ÖPNV** U 4, 6, 7, Haltestelle Bockenheimer Warte; Bus 32, 50, 75, Tram 16, Haltestelle Palmengartenstraße | **Öffnungszeiten** Mo–So 9–16 Uhr | **Tipp** Im Palmengarten können Karnivoren für zu Hause gekauft werden. Das kenntnisreiche Personal berät sachkundig bei der Wahl der richtigen Pflanze.

25___ Der Flohmarkt

Spür deine geballte Kaufkraft

Der Frankfurter Flohmarkt am Schaumainkai ist anders als alle anderen Flohmärkte auf der ganzen Welt. Nicht nur, weil man hier mit etwas Glück längst vergriffene Bücher und verschwunden geglaubte Schallplatten bekommt. Auch nicht, weil Designerklamotten der letzten und vorletzten Saison zu Traumpreisen die Besitzerin wechseln. Oder wegen der echten, herzlichen Freundlichkeit der Frankfurter.

Wenn es nur um Spaß und Schnäppchen ginge, könnten die Flohmärkte von London, Mexiko City und San Francisco locker mithalten. Aber es gibt etwas, das die zwei Kilometer lange Uferstrecke zwischen Eisernem Steg und Holbeinsteg konkurrenzlos einzigartig macht: der weite Blick über den Main zum gegenüberliegenden Kai, mit futuristischen Wolkenkratzern und der historischen Frankfurter Altstadt im Morgenlicht. Sonntage sind vollends Sonnensache am Sachsenhäuser Ufer. Für ein paar Stunden fahren keine Autos, die Straßen sind gesperrt, und man kann mit einem Becher Kaffee in der einen und einem heißen Crêpe in der anderen Hand auf der Straße flanieren. *Reclaim the streets*, mitten in der City.

In den über dreißig Jahren seiner Geschichte hat der Markt am Schaumainkai nichts von seiner Anziehungskraft verloren – heute wie damals zieht die Flohhandelsmeile mit charmant urbanem Karnelvalsflair die Studentin und den Straßenmusiker genauso in ihren magischen Bann wie die Managerin und den Anwalt. Insgeheim sind sich alle einig, dass der persönliche Privathandel am Schaumainkai, im wilden Außen der Konsumgesellschaft, etwas Unverzichtbares ist, denn nur er allein garantiert: frische Uferluft statt klimatisierter Geschäfte, die Möglichkeit zum Stöbern jenseits der Ladenöffnungszeiten, den Austausch über frühere Zeiten, die Möglichkeit, Staubiges abzustauben, das nicht neuwertig zu sein braucht, sondern kostbar ist, weil es seine eigene Geschichte mitbringt.

Adresse (wechselnd) Schaumainkai, 60596 Frankfurt am Main-Sachsenhausen oder Ost-hafenplatz, 60314 Frankfurt am Main-Ostend; Verkauf 9–14 Uhr | ÖPNV (Schaumain-kai) U 1–3, 8, Haltestelle Schweizer Platz; Tram 15, Haltestelle Otto-Hahn-Platz oder Schweizer-/Gartenstraße | Tipp Flohmarktbesucher, die sich den Mund fusselig geredet haben, schätzen den Besuch des Museums für Kommunikation als Quasselpause und Horizonterweiterung gleichermaßen: Schaumainkai 53, 60596 Frankfurt am Main-Sachsenhausen, Öffnungszeiten: Sa, So 11–19 Uhr, Di–Fr 9–18 Uhr.

26 __ Das Frankfurter Atelier

Künstler von sechs Kontinenten

Im Gallus lief der Mietvertrag aus. Doch statt des drohenden Endes wurde für das ATELIERFRANKFURT ein ungeahnter Neuanfang daraus. Im Einzugsgebiet der Städelschule und der Hochschule für Gestaltung Offenbach werden bezahlbare Ateliers immerzu dringend gebraucht. Das über hundertjährige ehemalige Lagerhaus in der Schwedlerstraße bietet auf sechs Etagen insgesamt 11.000 Quadratmeter Ateliers und Ausstellungsflächen. Aus 45 Ateliers im Gallus wurden 130 im Ostend. Martin Honerts Meisterklasse aus Dresden war im ATELIER-FRANKFURT mit einer großen Ausstellung zu Gast. Regelmäßig kommen zu den offenen Ateliertagen die großen Frankfurter Galeristen. Auch wenn Projektleiterin und Kuratorin Corinna Bimboese nicht von einer »Kaderschmiede« sprechen möchte, ist es kein Geheimnis, dass das AF für Künstler ein Sprungbrett in die internationale Kunstszene ist. Schon 2011 träumte der argentinische Installationskünstler und Absolvent der Städelschule Tomás Saraceno (»In Orbit«, »Wir sind alle Astronauten«) im AF von fliegenden Städten ohne nationale Grenzen und beweglichen, sich ständig umformenden Luftsiedlungen. Inzwischen sind Saracenos Großinstallationen international gefragt.

Lebendige Kontakte entstehen zwischen Fotografen, Designern und Malern, die im Atelierhaus unter einem Dach arbeiten. Mancher gelungene Ausstellungskatalog kam im AF als Gemeinschaftsprojekt zustande. Von Vernetzung zwischen Künstlern und von Veranstaltungen der internationalen Kunstszene hat Projektleiterin Bimboese geträumt. Der Traum wurde wahr, trotz der bescheidenen Mittel eines gemeinnützigen Vereins. Künstler aus Tel Aviv, New York, Madrid, aus Argentinien und selbst aus Australien waren inzwischen im AF zu Gast. Mit sicherem Geschmack und scheinbar nie versiegendem Enthusiasmus haben Corinna Bimboese und ihr Team im Ostend ein facettenreiches Zentrum der internationalen Kunstszene geschaffen – für Frankfurt ein echtes Highlight.

Adresse ATELIERFRANKFURT, Schwedlerstraße 1–5, 60314 Frankfurt am Main-Ostend; Besucher sind herzlich willkommen; Anfragen unter Tel. 069 / 74303771, www.atelierfrankfurt.de | **ÖPNV** Tram 11, Haltestelle Schwedlerstraße | **Tipp** Wer malen lernen will, ist in der Frankfurter Malakademie gut aufgehoben. Die Laienkurse der Malerin Claudia Klee erreichen ansehnliches Niveau. Frankfurter Malakademie e. V., Zobelstraße 11, 60316 Frankfurt am Main-Ostend und unter www.malakademie.de.

27 __ Die Frankfurter Küche

Stunde null der Einbauküche

Ernst May war ein bekannter deutscher Architekt und Stadtplaner, der sich in den 1920er Jahren vor die Aufgabe gestellt sah, in Frankfurt erschwinglichen Wohnraum zu bauen. Nicht weniger als 15.000 Wohnungen sollten in seiner Amtszeit als Stadtbaurat entstehen. Bekannt als »Neues Frankfurt«, ist sein Siedlungskonzept Römerstadt für die frühe Moderne ebenso bedeutsam wie das Bauhaus Dessau.

Die Vision Ernst Mays, die zu einem der wichtigsten Bauprogramme der Weimarer Republik führte, ging über bloße Bereitstellung des dringend benötigten Wohnraums hinaus. Ernst May wollte den Bewohnern mit seinem Wohnkonzept eine neue Lebenswelt schaffen. Dazu gehörte ein Garten als Ort der Entspannung. Um möglichst viel Zeit zum Ausruhen übrig zu haben, mussten notwendige Alltagsabläufe optimiert werden. Was verschlingt bekanntlich geradezu haarsträubend viel Zeit? Natürlich Küchenarbeit.

Es galt also folgendes Problem zu lösen: Wie stattet man für berufstätige Frauen eine Küche so aus, dass sie effektives Arbeiten auf kleinstem Raum ermöglicht? Die geniale Lösung war eine Sternstunde rationalen Planens, stellte 1926 eine Weltneuheit dar und machte eine wunderbare Architektin berühmt, die 102 Jahre alt wurde und auf ihrem 100. Geburtstag noch ausgelassen mit ihren Gästen tanzte: Margarete Schütte-Lihotzky. Ihre Erfindung der »Frankfurter Küche« kann als Geburtsstunde der modernen Einbauküche bezeichnet werden. Auf der Frankfurter Frühjahrsmesse 1927 war Schütte-Lihotzkys Entwurf eine Sensation, der als prägendes Beispiel für Funktionalität Design-Geschichte schrieb.

In über zehntausendfacher Ausführung wurde die »Frankfurter Küche« in Ernst Mays neuen Stadtsiedlungen eingebaut. Besucher des Ernst-May-Hauses werden feststellen, dass die »Frankfurter Küche« durch ihre strikte Funktionalität sportiven Charme besaß, gegen den heutige Einbauküchen einfallslos und steril aussehen.

Adresse Ernst-May-Haus, Im Burgfeld 136, 60439 Frankfurt am Main-Heddernheim |
ÖPNV U 1, Haltestelle Römerstadt | **Öffnungszeiten** Di–Do 11–16 Uhr, Sa, So 12–17 Uhr |
Tipp Die Spur der alten Römer führt durch die Siedlung »Römerstadt« zur Titusstraße.
Zwischen Rosa-Luxemburg-Straße und Erich-Ollenhauer-Ring (vor Abzweig Titusstraße)
liegt am Hang ein niedriges Betongebäude, in dem durch ein zerkratztes Fenster zwei
römische Töpferöfen aus dem 2. Jahrhundert gerade so eben noch erkennbar sind.

28__ Die Frankfurter Treppe
Mosaik des 20. Jahrhunderts

Künstler Stephan Huber nahm sich die Freitreppe der Kirche Santa Maria de Aracoeli in Rom zum Vorbild. Das Stufenbauwerk erinnert an die Aztekenpyramiden Mexikos. Das eindrucksvolle Werk ist als kollektives Denkmal des 20. Jahrhunderts gedacht, zusammengesetzt aus Millionen grauer und blauer Glassteine. Hubers Entwurf verbindet jahrhundertealte Mosaiktechnik mit digitalisierter Bildauflösung. In seinem Atelier baute der Künstler Stufen der Treppe nach, auf denen Modelle die Haltung der dargestellten Berühmtheiten einnahmen. Am Computer wurden etwa zwanzig Grautöne zusammengestellt, um die Glassteine des Schwarz-Weiß-Foto-Mosaiks realistisch zu färben.

Wissenschaftliche Errungenschaften und die »moralische Leuchtkraft« des 20. Jahrhunderts repräsentieren die Persönlichkeiten auf der Frankfurter Treppe. Daneben gedenkt Stephan Huber derer, die von den Nationalsozialisten ermordet wurden, emigrieren mussten oder ein Berufsverbot zu erdulden hatten. Seine weiblichen Vertreterinnen findet das letzte Jahrhundert in der mehrfach geehrten Frankfurter Schauspielerin Liesel Christ, der Autorin und Psychoanalytikerin Margarete Mitscherlich (»Die Unfähigkeit, zu trauern«), der Erfinderin der funktionalistischen »Frankfurter Küche« Margarete Schütte-Lihotzky, der Schriftstellerin und Büchner-Preisträgerin Marie-Luise Kaschnitz, ausgezeichnet mit der Ehrendoktorwürde der Goethe-Universität, der in Auschwitz ermordeten Starsängerin der Frankfurter Oper Magda Spiegel und der Frankfurter Schülerin Anne Frank.

Die beeindruckende Höhe der Treppe korrespondiert mit der Höhe des Main Towers. Während die Figuren auf Treppenstufen stehen, fahren in der Mitte des Bildes die Aufzüge des Main Towers auf und ab. Optisch ist das Mosaik den darin verwendeten Fotografien entgegengesetzt beschaffen. Von Weitem erscheint das Bild scharf und verschwimmt in unmittelbarer Nähe des Betrachters.

Adresse Main Tower, Neue Mainzer Straße 52–58, 60311 Frankfurt am Main-Innenstadt | **ÖPNV** S 1–6, 8, 9, Haltestelle Taunusanlage | **Öffnungszeiten** (Foyer): Mo–Fr 8–20 Uhr, Sa 10–16 Uhr | **Tipp** Als einziger Wolkenkratzer Frankfurts hat der Main Tower eine öffentliche Aussichtsplattform (Eintritt 5 Euro); Öffnungszeiten: im Sommer So–Do 10–21 Uhr, Fr, Sa 10–23 Uhr; im Winter So–Do 10–19 Uhr, Fr, Sa 10–21 Uhr.

29__Das FRTC
Übungsplatz der »Unglaublichen«

»Geschichten werden erzählt, um etwas zu vertreiben«, schrieb Hans Blumenberg in seinem berühmten Buch »Arbeit am Mythos«. »Im harmlosesten, aber nicht unwichtigsten Falle: die Zeit. Sonst und schwererwiegend: die Furcht.«

Eine Geschichte über das neue Feuerwehr-Rettungs-Trainings-Center FRTC auf dem Gelände des Brand-, Katastrophenschutz- und Rettungsdienstzentrums (BKRZ), wo auch die Feuerwache 1 ihren Sitz hat, erfüllt beide Aufgaben. Hier schlägt beim Tag der offenen Tür das Herz von jungen und alten Feuerwehrfans höher. Man vergegenwärtige sich, dass Feuerwehrfrau oder -mann weltweit noch immer ein kindlicher Traumjob ist. Ein Held sein – bei der Feuerwehr in Frankfurt kann man das jeden Tag. Im FRTC werden die »Incredibles« der Berufsfeuerwehr für ihre vielfältigen und diffizilen Großstadtrettungseinsätze ausgebildet und trainiert. Dazu wurden so unglaubliche Dinge gebaut wie eine Realbrandhalle – wo echte Brandherde kontrolliert lodern dürfen – sowie mehrere künstliche Häuser mit ausgeklügelter Brandsimulationsanlage, die es gestattet, alle Unwägbarkeiten wirklichkeitsgetreu und auf immer neue, unvorherzusehende Weise durchzuspielen, sodass bei den Trainierenden nie Langeweile aufkommt.

Neben den Außenanlagen, wo der Einsatz bei S-Bahn-, Tram- und Autounfällen nachgespielt werden kann, ist das Spektakulärste die U-Bahn-Simulationsanlage, in der ein Tunnel samt U-Bahn-Steig, Rolltreppen, Gleisen und einem echten U-Bahn-Zug der neuesten Bauart auf die Katastrophe wartet. »Die gesamte Halle kann mit künstlichem Nebel verraucht werden, was das Trainieren von großflächigen Absuchaktionen, wie beispielsweise nach Bränden in unterirdischen Verkehrsanlagen, ermöglicht«, heißt es auf der ultramodernen Homepage der Feuerwehr. Wer es nicht zum Tag der offenen Tür geschafft hat, kann sonnabends bei Führungen mehr über die Wahnsinnsarbeit der Feuerwehr auf Weltstadtniveau erfahren.

Adresse Feuerwehrstraße 1, 60435 Frankfurt am Main-Eckenheim | **ÖPNV** U 5, Haltestelle
Gießener Straße | **Öffnungszeiten** Führungen finden nach Voranmeldung Sa 10 – 12 Uhr
und 13 – 15 Uhr statt; Anfrage unter Tel. 069 / 212720051 oder pressestelle.feuerwehr@stadt-
frankfurt.de; www.feuerwehr-frankfurt.de | **Tipp** Im Feuerwehrmuseum auf dem Gelände
sind die Anfänge und Fortschritte bis heute dokumentiert.

30 Die Gerbermühle

Die Liebe höret nimmer auf

Im Jahr 1815 verlässt der 66-jährige Goethe nach zweieinhalb Monaten Kuraufenthalt Wiesbaden. Auf dem Heimweg nach Weimar will er in seiner Heimatstadt Frankfurt nur ein, zwei Tage verbringen, um alte und neue Freunde zu besuchen, vor allem Johann Jakob von Willemer, den er seit 1780 kennt, und dessen junge Frau Marianne. Willemer nimmt Goethe gastlich in der Gerbermühle auf, die er von der Stadt als Sommerhäuschen gepachtet hat. Er überlässt ihm auch seine Frankfurter Stadtwohnung zur freien Verfügung.

»Von Morgens bis Abends ists unter meinen Fenstern lebendig; Tags laufe [ich] in der Stadt herum, Menschen und Sammlungen zu sehen. Frankfurt stickt voll Merkwürdigkeiten«, schreibt Goethe einen Monat später der ungeduldig werdenden Christiane daheim. Die Hauptmerkwürdigkeit, die ihn statt dreier Tage am Ende ganze fünf Wochen an den Ort gebannt hat, ist für ihn allerdings die junge Marianne von Willemer. Er erlebt hier das Wunder, dass er sich mit einer Frau nicht nur trefflich über Literatur austauschen, sondern sogar mit ihr gemeinsam Gedichte schreiben kann! Ihre Mitwirkung an den Verszyklen des »West-östlichen Divan« sollte bis lange nach ihrem Tod ihrer beider Geheimnis bleiben. Der Minister ist heillos verliebt, und auch die junge Bankiersfrau scheint es erwischt zu haben. Ein gemeinsam betrachteter Sonnenuntergang im Willemer'schen Gartenhäuschen in Sachsenhausen hat angeblich die Initialzündung geliefert.

Die Konstellation Freund – Ehepaar hatte Goethe schon einmal in Verwirrung und Leid gestürzt – »Die Leiden des jungen Werther« legten beredtes Zeugnis davon ab. Nur war er damals noch jung und knackig … So packt er die Gelegenheit beim Schopf, als sich sein Arbeitgeber nähert, und eilt mit diesem über Heidelberg und Würzburg nach Weimar zurück. Am Biertisch in der lauten Gerbermühle sitzend, kann man sich diese Liebesverwirrung zwischen empfindsamen, geistesverwandten Seelen heutzutage schwer vorstellen. Und doch: In der Mühle war's, da hat sich die Romanze zugetragen.

Adresse Gerbermühlstraße 105, 60594 Frankfurt am Main-Sachsenhausen | **ÖPNV** Bus 46, Haltestelle Gerbermühle | **Öffnungszeiten** (warme Küche im Restaurant) täglich 11.30–23 Uhr | **Tipp** Neben dem kleinen Kinderspielplatz hinterm Haus steht ein Bildstock von 1519 mit einer Pietà.

31 Die Goethe-Apotheke

»Warum stehen sie davor …

… Ist nicht Türe da und Tor? / Kämen sie getrost herein, / würden wohl empfangen sein.« Goethes Bildunterschrift unter dem Kupferstich seines Weimarer Hauses bezieht sich auf Passanten, die davor mit abgebildet sind und die es keines Blickes würdigen. Bei der Goethe-Apotheke in seiner Heimatstadt verhält es sich anders. Sicher gehen hin und wieder einige hinein und kommen auch wieder heraus. Viele jedoch bleiben in gemessenem Abstand davor stehen – und doch beachten sie den hübschen 50er-Jahre-Pavillon mit schwungvoll die Hausecke umrundendem Schaufenster kaum.

Eine Glasvitrine an der Ecke des Platzes gegenüber, wetter- und standfest, stiehlt der einzigen Frankfurter Apotheke, die sich mit dem Namen des größten Sohnes der Stadt schmückt, scheinbar die Show. Es ist einer von derzeit 27 offenen Bücherschränken in der Goethestadt, in denen ganz zwanglos und ohne Geld Bücher in Umlauf gebracht und aus dem Verkehr gezogen werden können – um sie zu lesen. Das hätte Goethe sicher ebenso gefallen wie das Leitbild der 1876 gegründeten und nach ihm benannten Apotheke. Apotheker Dr. Gunther Mohr erläutert es so: »Als wir im Morgengrauen vor längerer Zeit die alte, ehrwürdige Apotheke betraten, hörten wir da nicht im Halbdunkel des Labors die Stimme des Erdgeistes zynisch und höhnisch Faust niederschmettern: ›Du gleichst dem Geist, den du begreifst, nicht mir!‹ … Ja, wir haben verstanden, was der Erdgeist uns sagen will. Es ist nicht genug, was wir tun, es reicht nicht aus! Denn, wir können nur dann gut sein, wenn wir jeden Tag etwas besser werden.«

Goethe hätte hier sicher gern ein bisschen über Chemie und Alchemie geplaudert, hätte auch seinen schwierigen Freund, den Darmstädter Apothekersohn Johann Heinrich Merck, mitgebracht – »der einzige Mensch, der ganz erkennt, was ich tue« – und wäre mit ihm vielleicht sogar zum öffentlichen Bücherschrank geschlendert, um ein paar Bände unleserlichen »Quarks« von überschätzten deutschen Dichtern hineinzustellen.

Adresse Oeder Weg 51, 60318 Frankfurt am Main-Nordend | **ÖPNV** U 1–3, 8, Haltestelle Grüneburgweg; U 5, Haltestelle Musterschule | **Tipp** Im nahen Holzhausenschlösschen hat die Frankfurter Bürgerstiftung ihren Sitz. Seit der Renaissance wird hier das Kulturleben gefördert und gepflegt; www.frankfurter-buergerstiftung.de.

32 Die Goldhalle
Auf alles vorbereitet

Die Militärgouverneure der Westalliierten übergaben 1948 im IG-Farben-Haus den Vertretern ihrer Besatzungszonen die »Frankfurter Dokumente«, in denen sie ihnen die Einberufung eines Parlamentarischen Rates als verfassungsgebende Versammlung zur Vorbereitung eines zu gründenden westdeutschen Teilstaates mit noch zu benennendem Regierungssitz empfahlen.

Man machte sich die Entscheidung in der Hauptstadtfrage nicht leicht. Berlin war wohl wegen seiner Insellage im roten Sektor disqualifiziert. Frankfurts Mitbewerber waren zu klein, zu zerstört, zu arm. Bonn, Kassel, Celle, Karlsruhe, Stuttgart. Am Main gab man sich siegesgewiss und begann schon einmal mit dem Bau des Bundestagsgebäudes an der Bertramstraße. Es erhielt, in Anlehnung an die Paulskirche – den Sitz der 1848er Nationalversammlung –, einen kreisförmigen Grundriss. Unmittelbar vor der Abstimmung am 10. Mai 1949 stand die SPD geschlossen hinter Frankfurt. In einer Probeabstimmung der 27 Mitglieder zählenden Fraktion der CDU/CSU erhielt Bonn nur 21 von 27 Stimmen. Frankfurts Oberbürgermeister Walter Kolb (SPD) ließ schon mal bei Radio Frankfurt (dem späteren Hessischen Rundfunk) seine Dankesrede aufzeichnen.

Aber in letzter Minute brachte Konrad Adenauer mit einer angeblichen »vertraulichen Meldung« der dpa die Seinen auf Kurs: SPD-Vorsitzender Kurt Schuhmacher habe sich auf einer Vorstandssitzung erfreut gezeigt, dass die Konservativen in der Hauptstadtfrage unterlägen! Resultat waren 33:29 Stimmen zugunsten Bonns. Heute weiß man, dass diese Meldung erfunden war. Auch flossen zwei Millionen Mark Schmiergelder aus dubiosen Quellen an Abgeordnete aller Fraktionen, damit sie für Bonn stimmten. An der Bonner Rheinbrücke wurde das »Brückenmännchen« so gedreht, dass es seinen Bobbes nach Frankfurt kehrte. Nur einer hatte bei alledem gut lachen: der Hessische Rundfunk. Mit Pomp zog dieser demokratische Sender dort ein, wo der Bundestag würdig hätte sitzen sollen.

Adresse HR, Bertramstraße 8, 60320 Frankfurt am Main-Nordend | **ÖPNV** U 1–3, 8, Haltestelle Dornbusch; U 5, Haltestelle Hauptfriedhof; Bus 32, Haltestelle Bertramstraße | **Tipp** Frankfurt wurde zwar nicht Bundeshauptstadt, aber 1946 immerhin Sitz der Deutschen Bibliothek, heute an der Ecke Nibelungenallee / Eckenheimer Landstraße gelegen.

33 Die Griesheimer Alpen

Erdgeist mit Blähungen

Am Industriestandort Griesheim war seit 1856 vielerlei produziert worden. Für die Arbeiter und Anwohner hat aber die Chemie hier selten gestimmt. Am 24. April 1901 kamen bei einer Explosion in der Pikrinsäureherstellung 26 Menschen ums Leben, 94 wurden verletzt. Am 20. November 1917 explodierte eine Anlage zur Herstellung von Trinitrotoluol, vier Menschen kamen dabei um.

Bei Bohrungen auf dem Betriebsgelände der früheren Firma Elwenn & Frankenbach, An der Schildwacht 45, stellte man in den 90ern Konzentrationen von teilweise 100 Gramm Quecksilber pro Kilogramm Erde fest, und das bis in 28 Meter Tiefe. 1992 wurden die sogenannten Griesheimer Alpen, alte Abfallhalden auf dem Gelände der damaligen Hoechst AG, auf Anordnung des hessischen Umweltministeriums versiegelt. Untersuchungen hatten hohe Dioxin- und Furanwerte ergeben. Die heute sichtbare Begrünung ist nur eine Tarnung …

Beim sogenannten Rosenmontags-Störfall am 22. Februar 1993 entwichen zehn Tonnen eines Chemikaliencocktails und regneten klebrig gelb auf 36 Hektar bewohntes Schwanheim und Goldstein nieder. Fünftausend Kubikmeter verseuchte Erde zu entsorgen kostete die Hoechst AG etwa 40 Millionen Mark. Durch bewusste Fehlinformation und Herabspielen der Gefahr verscherzte sich das Unternehmen seine Glaubwürdigkeit.

Trotz guter Vorsätze blieb Hoechst in Griesheim bis zum Ende der AG inkontinent: Noch drei Jahre vor Schluss traten am 27. Januar 1996 tausend Kilo des karzinogenen Pflanzenschutzmittels Isoproturon aus. Diesmal wären Griesheim und Schwanheim auf 30 Hektar weiß geworden, wenn sie das nicht ohnehin gewesen wären, denn es lag Schnee. Der vergiftete Schnee wurde abgesaugt und das Schmelzwasser in der Werkskläranlage gereinigt. Das war mit zehn Millionen Mark vergleichsweise billig. Ist heute alles sicher? Die Griesheimer können auf weitere Firmen-Inkontinenzen verzichten.

Adresse Industriepark Griesheim, Lärchenstraße, 65933 Frankfurt am Main-Griesheim | ÖPNV S 1, 2, Haltestelle Griesheim; Bus 52, Haltestelle Lärchenstraße; zu Fuß ein paar Meter zurückgehen – die Gifthalde ist von einem Parkplatz aus einzusehen | Tipp An das Pikrinsäureunglück erinnert eine Gedenkstätte am Griesheimer Friedhof in der Waldschulstraße.

34 Das Grie-Soß-Denkmal
Über sieben Kräuter sollst du gehn

In Frankfurt wurde der weltberühmte Schriftsteller Johann Wolfgang von Goethe geboren. Doch authentische Stätten, an denen sein Geist etwa anzutreffen wäre, sind rar. Das Geburtshaus der Originalfamilie wurde im Zweiten Weltkrieg zerstört, und die jedem Touri bekannte Säule an der »Goetheruh« ist sowie eine freie Erfindung. Da ist es ein Segen, wenigstens sicher zu wissen, dass zu Goethes Leibgerichten auch die obskurste aller Frankfurter Speisen zählte: die »Grie Soß« (die Grüne Sauce).

Olga Schulz hat ihr im Gärtnerdorf Oberrad ein siebenhäusiges, nachts leuchtendes Denkmal gesetzt, weil die Frankfurter Hausfrauen zwecks geschmacklicher Vollkommenheit und sicherer Einkehr im Siebenkräuterhimmel seit jeher auf die heilige Siebenzahl schwören: Kerbel, Pimpernelle, Sauerampfer, Borretsch, Petersilie, Schnittlauch und Brunnenkresse, fein »gewiegt« mit halbmondförmigem Messer auf speziellem »Wiegebrett« aus Erlenholz.

Bei kulinarhistorischer Tiefbohrung findet sich bereits im 13. Jahrhundert die deutsche Sitte, am »gruene donnerstac«, wenn die Fastenperiode dem Ende entgegengeht, die verbotene Fleischlichkeit unter Haufen grüner Kräuter vor Gottes erzkatholischem Auge zu verstecken. Der Gründonnerstag, lateinisch *dies viridium* – wörtlich also der »Tag der Grünen« –, brachte allen Sündern und Kirchensträflingen Ablass.

Um Goethes Grie-Soß-Affinität ranken sich zahlreiche Anekdoten; so werden die berüchtigten Sterbenswörtchen (»Mehr nicht?«) auf die zu geringe Zahl von Kräutern in der letzten Portion bezogen, die er sich, das Passah-Fest nicht mehr erwarten könnend, im noch kräuterarmen März 1832 in Weimar bestellte. Grie Soß mit Pellkartoffeln war und ist Essen nach Goethes Geist. Hier spürt man ihn noch ganz: seine saftig kühle Herbheit, seine allein vereinnahmende, zermalmende Naturliebe, aber auch sein erdig dampfendes Hessentum.

Adresse Feld an der Kochstraße, 60599 Frankfurt am Main-Oberrad | **ÖPNV** S 1, 2, 8, 9, Bus 46, Haltestelle Rudererdorf, sodann in die Felder rechter Hand | **Tipp** Der Goethe-turm im nahen Oberrad erinnert an das Goethejahr 1932 – damals wurde Goethes 100. Todestag am 22. März mit Pauken und Trompeten gefeiert. Als der Goetheturm eingeweiht wurde, stand Goethes Geburtshaus noch.

35_Der Häuserkampfplatz

Du hast keine Chance, also nutze sie

Im Westend, einem traditionell bürgerlichen Wohngebiet, wurden zu Beginn der 70er Jahre des vergangenen Jahrhunderts gleich zwei sozialgeschichtlich bedeutsame Bewegungen geboren: die Sponti- und die Hausbesetzerbewegung. Alles begann mit dem ungesetzlichen Einzug einiger Studenten in die leer stehenden Wohnungen des noch teilbewohnten Hauses Eppsteiner Straße 47 im Herbst 1970. Sie wollten mit ihrer Aktion ein Zeichen setzen und auf die Zerstörung eines urbanen Wohnquartiers durch Bauspekulation hinweisen.

Mehr und mehr vormalige Wohnhäuser wichen teurer zu vermietenden Bürohochhäusern. Allein 1968 verschwanden 4.000 Wohnungen. Die Mieter wurden aus den Häusern vergrault und die Gebäude sofort nach erfolgreicher »Entmietung« unbewohnbar gemacht. Manche Hausbesitzer schlugen selbst aus der Wartezeit auf die Genehmigung zur Neubebauung noch Kapital, indem sie in die geleerten Wohnungen befristet zahlende Studenten als finale Mieter aufnahmen. Doch die Spontis, mit zunehmender Unterstützung der verbliebenen Wohnbevölkerung, machten den Immobilienspekulanten vermehrt Striche durch die Rechnungen.

Ein »Häuserrat« entschied, welche leer stehenden und verbarrikadierten Häuser als Nächstes erobert werden sollten. Bis 1974 tobte der »Kampf«. Bei der Räumung des lange besetzten Hauses Kettenhofweg 51 kam es 1973 nach langem Psychokrieg zu einer Straßenschlacht mit der Polizei. Der Polizeipräsident Knut Müller wurde dabei zum Buhmann der Linken. »Gewalt hat einen Namen«, stand auf den Plakaten, die Müller fortan als Kapuzenmann zeigten. Von alledem ist heute nichts mehr zu spüren, auch wenn in den ersten besetzten Wohnungen in der Eppsteiner Straße 47 noch ein harter Kern ausgehalten hat. Das Westend hat die Gentrifizierung hinter sich: Schicke Fassaden und schicke Sportwagen, Banken, Rechtsanwälte, Ärzte findet man heute hier. Spontaneität gibt's nur noch beim Shopping.

Adresse Kettenhofweg 51, 60325 Frankfurt am Main-Westend | **ÖPNV** U 6, 7, Haltestelle Westend; Bus 36, Haltestelle Niedenau | **Tipp** Im Kettenhofweg 123 wohnte von 1949 bis 1969 der Philosoph, Soziologe, Musikwissenschaftler und Komponist Theodor W. Adorno.

36 Das Hammermuseum
Geschichten Schlag auf Schlag

Im Bahnhofsviertel, über der Schuhmacherei Lenz, liegt eine bemerkenswerte Werkstatt. So lange man auch sucht, einen Schraubenzieher wird man nicht finden. Bohrer ebenso wenig. Auch keine Zange. Nicht etwa, weil es da oben so unordentlich ist. Sondern weil der Hammer dort hängt. Gleich über hundert Mal.

Den ausgefallenen Designhammer hat Ettore Sottsass entworfen, der mit Entwürfen für Olivetti Designgeschichte schrieb. Ins Hammermuseum fand er als Geschenk zur Eröffnungsfeier, erworben im New Yorker Museum of Modern Art. Ein Silberhammer, bereits kurz nach der Teilung Deutschlands aus der DDR geschmuggelt, hat einen hohlen Stiel, aus dem sich weitere Werkzeugteile hervorzaubern lassen. Auch der kleinste Hammer der Welt ist in der Sammlung zu sehen, oder besser gesagt, beinahe nicht zu sehen. Er liegt unter einem Vergrößerungsglas. Den kleinen Hammer für die Kindereisenbahn ergänzt ein Klanghammer für Fahrradreifen, gestiftet von der Deutschen Bahn. Zu den ältesten Stücken gehört der Uhrmacherhammer von 1892.

Je länger man stöbert, desto interessanter wird die Beschäftigung mit dem König der Werkzeuge. Museumskurator Oskar Mahler zeigt Hämmer, von denen einige so ausgefallen sind, dass ihm bisher kein Handwerker ihre Funktion erklären konnte. Mancher Hammer erinnert an Berufe, die heute ausgestorben sind. Gesprächsstoff ist also reichlich vorhanden, und beim Erzählen ist Frankfurts Original Oskar Mahler in seinem Element. Der Träger des Hessischen Kulturpreises betrieb in Frankfurt über 30 Jahre lang das Klappmaul Theater. Seine »Objets trouvés«, seine gefundenen Hämmer, offenbaren dem Stadtteilkünstler manches von ihrem Geheimnis, wenn er an ihnen die Spuren unzählbarer Arbeitsstunden in unbekannter Hand abliest. Die Praxis soll dabei nicht zu kurz kommen. Nachdem es von einem Siebenjährigen eine Beschwerde gab, sollen die Museumsbesucher bald selbst den Hammer schwingen dürfen.

Adresse Hammermuseum (im Obergeschoss der Schuhmacherei Lenz), Münchener Straße 36, 60329 Frankfurt am Main-Bahnhofsviertel | ÖPNV S 1, 2, 5, 7−9, U 4, 5, Haltestelle Hauptbahnhof | **Öffnungszeiten** Mo−Fr 8.30−18.30 Uhr, Sa 9−13 Uhr; Oskar Mahler ist auf Anfrage anwesend und führt durch die Sammlung, Tel. 069 / 30065245 | **Tipp** Apropos Schlagkraft: Im Café »Plank« steht eine Jazzlegende von einem Schlagzeug! Elbestraße 15, 60329 Frankfurt am Main-Bahnhofsviertel; Öffnungszeiten Mo−Do 11−1 Uhr, Fr 11−2 Uhr, Sa 11−2 Uhr.

37 Die Heilig-Kreuz-Kirche
Jesus Christus und Zen

Man kann das elegante weiße Gebäude nicht übersehen, dessen endlos hoher Portikus geradewegs in den Himmel zu schweben scheint. Architekt Martin Weber errichtete die Kirche im klaren, schmucklosen Baustil des Stadtplanungsprogramms »Neues Frankfurt« (1925–1930). Ernst Mays Siedlung »Bornheimer Hang« war ebenfalls Teil des »Neuen Frankfurt«, und die Heilig-Kreuz-Kirche wurde als katholisches Gotteshaus für die Bewohner der Siedlung gebaut. Baumeister Weber sah seine Kirche als »Hangkrone«, die wie eine Krone über dem Bornheimer Hang aufragt.

Die Fassade des denkmalgeschützten Gebäudes gestaltete Arnold Hensler. Aus der Südseite des Turms ragen die Evangelien, in ihrer Viergestalt dargestellt als Mensch (Matthäus), Löwe (Markus), Stier (Lukas) und Adler (Johannes) mit den Worten des Apostels Paulus »Wir aber predigen Christus den Gekreuzigten«, entnommen dem ersten Brief an die Korinther. Darunter ist das Schweißtuch der Veronika dargestellt. Jesus soll es auf seinem Gang zur Richtstätte an sein Gesicht gedrückt und den Abdruck seines Gesichts darauf hinterlassen haben. Das Schweißtuch der Veronika wird in der katholischen Kirche als Reliquie verehrt. An der Nordseite schließlich schmückt eine Kreisschrift die Kirchenfassade mit den Worten »Im Kreuz Ist Heil«.

So außergewöhnlich die Heilig-Kreuz-Kirche von außen aussieht, so unalltäglich und bemerkenswert ist, was innen geschieht. Hier öffnete sich eine katholische Gemeinde weit über Landes- und Glaubensgrenzen hinaus und stellte dem Christentum buddhistische Meditationspraxis zur Seite. Die Krypta der »Hangkrone« ist in den letzten Jahren ein moderner Meditationsraum geworden, für alle, die Gottes Gegenwart und Stille im Alltag finden wollen. Zu den Angeboten der Kirche an Frankfurterinnen und Frankfurter aller Konfessionen, Kulturen und Anschauungen gehört traditionelle buddhistische Zen-Meditation!

Adresse Kettelerallee 45, 60385 Frankfurt am Main-Bornheim | **ÖPNV** Tram 14, Haltestelle Ernst-May-Platz | **Öffnungszeiten** (Zentrum für christliche Meditation und Spiritualität) Di, Mi 16–18 Uhr, Do, Fr 10–12 Uhr | **Tipp** Eine weitere wunderschöne Kirche Martin Webers, ebenfalls von Arnold Hensler künstlerisch gestaltet, ist die Heilig-Geist-Kirche im Riederwald, Schäfflestraße 19, 60386 Frankfurt am Main-Riederwald.

38 Die Henry-Jaeger-Turnhalle
Sportlich, sportlich!

Frankfurts Rentner bekamen am Jahresende 1954 ihr Geld. Auch in der Eintracht-Turnhalle im Oeder Weg 37 standen sie Schlange, denn damals wurden die Renten noch bar ausbezahlt, ohne Polizeischutz und besondere Sperren. Allenfalls fiel mal eine freundliche Ermahnung seitens der Zahlbeamten, so à la »Also, Oma Müller, jetzt gehn se mir mal net so nah an die Geldsäcke ran, gelle!« Zwinker, zwinker.

Am 30. Dezember war der Hauptschwung versorgt und eine nicht näher bezifferte Millionensumme bereits glatt über die Tische geschoben. An Silvester jedoch, Viertel nach sieben morgens, fielen zwei Schüsse. Drei Maskierte sprangen durch eine Nebentür in den Schalterraum, zwangen mit Maschinenpistole und Revolvern die zitternden Auszahler und erbosten Rentner – 35 Personen – an die Wand. Sie kassierten die 80.000 Mäuse, die noch übrig waren – das meiste in 50- und 100-Markschein-Bündeln –, und verschwanden mit einem ultraschnellen Citroën Traction Avant 11 CV, Baujahr 1934. Zwei Minuten für diese im Zeitjargon »heiße Sache«, die am Tag zuvor ungleich »heißer« hätte sein können, war immerhin eine sportliche Leistung!

Bandenchef Karl-Heinz Jäger (27) hatte seine Kompagnons ermahnt, die nächsten Wochen weiter ihre schäbigen Kleider zu tragen und darauf zu achten, die Butter auf den Frühstücksbroten nicht dicker zu schmieren als sonst. Aber zu früh gab er Entwarnung. Die Räuber zockten in den Spielbanken und warfen mit 50- und 100-Mark-Scheinen um sich. 1955 wurden sie geschnappt. Drei weitere Raubüberfälle und über 70 schwere Diebstähle nebst Organisation eines Schmugglerringes gingen auf ihr Konto.

Aus Karl-Heinz Jäger wurde in der achtjährigen Haft der Romanschriftsteller »Henry Jaeger«. Er zahlte die zuletzt geraubten 80.000 Mark zurück, heiratete die Tochter eines Landgerichtspräsidenten und verlebte glückliche Jahre mit viel Champagner in einer Villa am Lago Maggiore. Klingt nach Märchen, was? Ist aber wahr!

Adresse Oeder Weg 37, 60318 Frankfurt am Main-Innenstadt | **ÖPNV** U 1–3, 8, Haltestelle Grüneburgweg | **Tipp** Nach so viel Bewegung ist eine Einkehr im hauseigenen Restaurant »Eintracht Frankfurt« angesagt. Dann aber sollte man das Kriminalmuseum, Adickesallee 70, besuchen, wo mehr über die Jägerbande zu erfahren ist. Anmeldung unter Tel. 069 / 75582007.

39__ Der höchste Punkt
Zum Gipfel über Todessteine

Wer die Berger Warte zum ersten Mal durchs satte Grün des sommerlichen Gehölzes erblickt, glaubt Schlumpfhausen endlich gefunden zu haben, so seltsam unwirklich, wie eine Theaterkulisse aus Pappmachee, sieht das graue Türmchen aus. Doch einen Steinwurf vom höchsten geografischen Punkt Frankfurts entfernt befand sich zugleich der scheußlichste aller Dunkelorte. Am Hochgericht der Grafen von Hanau sind Ungezählte gewaltsam zu Tode gebracht worden.

Am 15. April 1578 etwa wurden hier zwei Mörder, ein Bergener und einer aus Siegen, auf die grausamste Weise hingerichtet. Ihre ausgestreckten Gliedmaßen waren an Pflöcken festgebunden, unter den Gelenken lagen Klötze. Zuerst die Ober- und Unterschenkel, dann die Arme wurden ihnen nun mit einem schweren Wagenrad zermalmt. Genitalien, Eingeweide, Brustkörbe und zuletzt die Schädel folgten. Während dieser höllischen Prozedur – unterbrochen vom Frühstück der Henkersknechte, als noch Leben in den beiden war – gaffte das Volk und graulte sich am Schreien und Winseln. Die restlos zermalmten Knochensäcke wurden später auf das Todesrad geflochten und dieses als Futterplatz für »Galgenvögel« aufgestellt.

1735 wurde ein steinerner, »dreischläfriger« Galgen gebaut. Er hieß so, weil hier drei Gehenkte nebeneinander »schlafen« konnten. Drei im Dreieck stehende Sandsteinsäulen mit dicken Kapitellen waren oben mit Eichenbalken verbunden. Über diese wurde in der Prim, der ersten Morgenstunde, der Strick gelegt, nachdem der zu Henkende rücklings eine angelehnte Leiter erklommen hatte. Sein Haar musste den Balken berühren. Der zuvor ausgemessene Strick wurde über den Balken geführt und an einem Haken befestigt.

Kurfürst Friedrich Wilhelm I. von Hessen ließ den Galgen 1844 schleifen und aus den Sandsteinen die Treppe zum Luginsland bauen, wo heute nicht viel zu »lugen« ist. Nicht jeder möchte zweimal über die Treppe mit dieser Vorgeschichte steigen.

Adresse Berger Warte, 60388 Frankfurt am Main-Bergen-Enkheim (unmittelbar vor der Vilbeler Stadtgrenze) | **ÖPNV** U 4, 7, Haltestelle Enkheim; Bus 551, Haltestelle Berger Warte | **Tipp** Im Heimatmuseum Bergen-Enkheim, Berger Rathausplatz 1, stehen noch ein Kapitell einer Galgensäule und ein Richtschwert, mit dem eine weitere Form der Blutgerichtsbarkeit ausgeübt wurde (siehe Seite 231).

40__Die Höhlenmalereien

Alle Kunst endet im Osten

Das Ostend: Drogen- und Autoviertel über die Jahrzehnte, stets schon Heimat mehrerer angesehener Theater, renommierter Musikschulen und des Zoos, neuerdings hippe Ausgehmeile mit Clubs und Restaurants. Jetzt wird ein Sprung in die Upperclass der Stadtteile erwartet, getreu der Gentrifizierungsformel: Die Banker kommen, die armen Armen müssen raus.

Öd- und Dreckflächen werden beräumt. Die Skater haben ihren Jurassic Park bekommen, die Streetkicker ihre amtlichen Bolzplätze, der älteste Puff weicht der Neubebauung mit exklusivem Wohnraum. Gesponserte Literatur, erfolgreiche Musik, geldbringendes Theater sind schon da. Der Umzug der jungen malenden Wilden aus dem Bahnhofsviertel ins 9.000 Quadratmeter messende Atelier Frankfurt ging fast ohne Aufsehen vonstatten. Ob die geniale Idee einer »Europäischen Zentralgalerie« EZG, die vor einiger Zeit gescheitert sein soll, wieder aufgegriffen wird?

Von 1970 bis 1980 war das Gebiet zwischen Hanauer Landstraße, Gewerbegebiet Hafen, Bahngleisen und Autobahnen noch ideal zum Austoben. Kunstbegeisterte Punks und bierselige Penner lieferten sich Kämpfe um herrenlose Tankstellen, die im Feuer endeten. Den Kulturtreff der damaligen Zeit, »Muttertag« genannt, gibt es nicht mehr. Die Happenings, Performances, Soloshows finden heute an obrigkeitlich sanktionierten, finanziell abgesicherten Orten (etwa im Mousonturm) statt.

Nur ein Resthauch von Sprayer-Subkultur hält sich in der Realgeisterbahn der Autobahnunterführung. Wem es gelingt, von Alkoholleichen und Drogenzombies unberührt hineinzukommen, der kann noch autonome, echte Höhlenmalerei der Jetztzeit sehen. Auf dem Parkplatz am Riederhofstumpf grüßt ein Sensenmann, im Bermudadreieck unter der A 661 blühen Graffiti-Funken. Bodennahe Farb- und Form-Anarchie im öffentlichen Raum. Wie sagte schon Picasso in Lascaux: »Wir haben nichts Neues gelernt!«

Adresse Hanauer Landstraße, 60314 Frankfurt am Main-Ostend, Unterführung unter der A 661 | **ÖPNV** Tram 11, Haltestelle Riederhöfe | **Tipp** Der Torrest des Großen Riederhofs von 1492 (Entdeckung Amerikas!) ist nur noch eine faule, ungeliebte Zahnbrücke. Weiter nach Osten wandernd erreicht man Frankfurt-Fechenheim mit einem historischen Lein- oder Treidelpfad am Mainufer. Von der einstigen Fischereikultur künden nur noch ein paar Straßennamen.

41 Das Ich-Denkmal
Ich-Denkmal, also bin ich!

Was machen sich da schon wieder für schräge Vögel am Traxler-treppchen zu schaffen? Vereinter supramenschlicher Muskel-, Glaubens- und Rednerkraft sei Dank schafft es Kleinfamilie Brauner-Hittel nach etlichen Versuchen doch noch, ihre 13-jährige, arthritische Schäferhündin »Madonna« auf das kleine Podest aus rotem Sandstein zu hieven und das treu ergebene Tier unter Streicheln und gutem Zureden zum Pfötchenheben zu bewegen. Atemlos hastet Vater über die Wiese. Auf dem Stativ thront die schöne alte Rollfilmkamera. »Sofort erunner!«, kommandiert er, vor Aufregung heiser. »Ei was dann, wo mer se grad so schee enuff gebracht hawwe!«, protestiert seine Gemahlin. »Doch net die Madonna! Los, erunner, du dabbische Zwiwwel!«

Hans Traxler, Satiriker der Neuen Frankfurter Schule, entwarf das Ich-Denkmal unter dem Motto »Jeder Mensch ist einzigartig«. Schwer zu bezweifeln, dass er sich mehr dabei gedacht hat. Den real-satirischen Hintergrund liefert freiwillig unfreiwillig seit 2005 Tag für Tag die unendliche Parade der einzigartigen Ichs. Ob Schulfreund, Schwiegersohn, Schäferhund oder Stoffschwein, die drei Stufen des berühmtesten Treppchens von Oberrad muss rauf, wer oder was lieb gehabt wird und darum in seiner Einzigartigkeit verewigt zu werden verdient.

Einmal schrieb einer mit Kreide ein G und ein T vors und hinters »Ich«. Gicht. Nicht mal komisch. Kann nur aus Frust gewesen sein. Weil den niemand lieb genug hatte zu sagen: »Stell dich mal da rauf, du bist so einzigartig *doof*, ich mach ein Foto von dir.« Kurzfristig hilft es, die versehrte Vorderseite des Denkmals mit stillem Mineralwasser zu besprengen. Oder ganz dick ein W übers G zu malen. Wicht. Und dann ein Foto vom blöden Exfreund draufstellen. Oder lieber »Ich« mit »ÜBER« und Bindestrich davor? Über-Ich. Und wer soll sich dann oben hinstellen? Nee, sicher nicht schon wieder Goethe. Wer ist für Adorno? Ich!

ICH

Adresse Mainuferanlage zwischen Gerbermühle und Rudererdorf in Frankfurt am Main-Oberrad | **ÖPNV** Tram 15, 16, Haltestelle Bleiweißstraße; durch Speckgasse und Speckweg zum Mainwasen | **Tipp** Unter rauschenden Wipfeln die Vergänglichkeit des Ichs erkennen kann man auf dem 20 Hektar großen Waldfriedhof Oberrad. Zwischen Scheerpark und Goetheturm am Oberen Grenzweg sind Gräben der Landwehr erhalten.

42__ Die Ideenschmiede

Irgendwie geht's immer

Im Tüftelkeller des Schlossermeisters herrscht eine geheime Ordnung. Auf den ersten Blick sehen Uneingeweihte zwar eher ein unfassbares Sammelsurium, doch das gehört bereits zum Erfindungsprozess. Seinen »Kram« nennt Walter Günther die etlichen tausend Metallteile, die jeden Zentimeter seiner Werkstatt bedecken und so etwas wie die Ursuppe bilden, aus der er Neues formt. Mit der Freude eines Mystikers, dem sich Wunder offenbaren, erklärt das freundlich-stille Genie aus Wirtheim im Spessart: »Das Hirn erfindet von allein, und wenn es was Neues hat, erfährt das Ich es zuletzt.«

Erstaunliche Apparate konstruiert Walter Günther in seinem kreativ-chaotischen Keller. Formschön sind sie. Funktional sind sie. Und alle laufen ohne Strom. Seine Erfindungen umgibt ein Flair von Kindheitsträumen und Großvaters Zeiten. Nicht nur, weil die nostalgisch schönen Stücke – wie etwa der sanft weckende »Kerzenwecker«, ein eigener Herd namens »Großer Frankfurter« oder die überraschend helle »Kerzenlampe« – weder Steckdose noch Batterie brauchen. Sondern weil sie ein Leben lang praktisch wartungsfrei funktionieren. Schöne Dinge, die ewig halten, übertragen auf ihre Besitzer ein Gefühl von Geborgenheit und Dauerhaftigkeit. Werte, die Walter Günther höher schätzt als Fortschritt. Dabei sind Geräte, die keinen Strom brauchen, heutzutage mehr als fortschrittlich.

In Zusammenarbeit mit einem professionellen Fotografen hat Frankfurts sympathischstes Superhirn einen exklusiven deutsch-englischen Bildband mit dem Titel »Die mechanische Bratwurst« gestaltet. Die beeindruckende Präsentation seiner Apparate brachte ihm eine begeisterte Rezension in der FAZ und jede Menge Anfragen ein. Denn ganz gleich, ob »Aldentomat«, handbetriebener Schlagbohrer oder »Schaumkusswurfmaschine«, alle Erfindungen Walter Günthers sind wunderschöne Sammlerstücke und werden auf Wunsch gefertigt.

Anmeldung bitte per E-Mail an: waldo0815@web.de | **Tipp** Im Mal Seh'n Kino (siehe Seite 120) steht als Ausstellungsstück der Korkenzieher, den Walter Günther erfunden hat.

43 __ Das Indoor Kart 2000

Have your race!

Es sieht nicht nur echt aus. Es *ist* echt. Benzinmotoren dröhnen. Reifen quietschen auf Supergripbelag. Das schwarz-weiße Würfelmuster der Zielflaggen wirbelt durch die Luft wie bei der Formel-1-Weltmeisterschaft. Einmal richtig im Rennfieber, kann aus dem Spaß im Nullkommanichts Ernst werden. Auch Michael Schumacher, der erfolgreichste Fahrer in der Geschichte der Formel 1, und sein Bruder Ralf sind als Vierjährige über Vaters Kartbahn geheizt.

Im Jahr 1956 in den USA gebaut, lief der erste Kart noch mit einem Rasenmähermotor. Die Erfindung hatte großen Erfolg, bald fanden auf Parkplätzen die ersten Rennen statt. Drei Jahre später präsentierten sich die ersten Karts bereits stolz auf der Pariser Automobilausstellung. Sportkarts erreichen Geschwindigkeiten bis zu 300 Stundenkilometern, funktionieren aber im Prinzip genauso wie die leistungsschwächeren Ausführungen für Kinder. Die Renner im Indoor Kart 2000 sind mit 4,5-Liter-Tanks ausgerüstet, haben 5,5 PS und röhren mit immerhin bis zu 60 Stundenkilometern über die Bahn.

Die 960 Meter lange Strecke windet sich in scharfen Kurven durch die Halle. Es ist unglaublich laut. Von der ersten bis zur letzten Sekunde herrscht aufgepeitschte Stimmung auf der Rennbahn und bei den Zuschauern. Hochleistungssport auch für die Flaggenschwenker. Jedes Rennen wird durchgesprintet. Bei Gefahr drehen sich gelbe Warnlichter am Rand der Bahn. Atemlose Spannung, bis die rote Flagge weht und alle Fahrer in die Boxengasse zurückrollen. Auf meterhohen Anzeigetafeln erscheint binnen Sekunden die Platzierung, vorneweg der Siegername. Überraschung beim Lüften der Helme. Fast die Hälfte der stolzen Racer sind Frauen. Auch Mädchen und Jungen sind eingeladen, auf die Kartbahn zu kommen, nur müssen sie mindestens 1,30 Meter groß sein. Vor dem Start bekommen Kinder eine gut verständliche Einweisung, ehe sie in speziellen Kinderkarts ins Rennen gehen.

Adresse Kruppstraße 121, 60388 Frankfurt am Main-Bergen-Enkheim | **ÖPNV** U4, Haltestelle Kruppstraße | **Öffnungszeiten** Mo–Fr 17.30–23 Uhr (in den Ferien 16–23 Uhr), Sa 13–23 Uhr, So 11–22 Uhr, Feiertage 14–22 Uhr | **Tipp** Im Huthpark, im »Café Bergstation«, kann die Siegesfeier steigen. Zehn Minuten Autofahrt zum Propst-Goebels-Weg 17, 60389 Frankfurt am Main-Seckbach; geöffnet Mo–So 10–20 Uhr.

44__ Die Industriekathedrale

Hoechst vollendet

Während des deutschen Architekturexpressionismus entstanden in Frankfurt, Hamburg, Berlin, Köln und Hannover außergewöhnliche Bauwerke. Theatralische Höhe, asymmetrische Giebel, gezackte Kanten und Keramikkunst als Dekor an Pfeilern und Fassaden zeugten nach dem Ersten Weltkrieg bis zum Ende der 1920er Jahre von herausragender Ausdruckskraft. Bevorzugtes Baumaterial der damaligen Zeit waren Sandstein, Backstein oder Klinker.

Als Mitbegründer des deutschen Werkbundes führte Bauhausfreund Peter Behrens deutsche Produkte vom Jugendstil zum Industriedesign. Seinen Entwurf des heutigen Verwaltungsgebäudes der Firma Hoechst legte er innerhalb weniger Wochen vor. 1920 wurde mit dem Bau des Gebäudes begonnen, das äußerlich an eine Burg erinnern soll. Bereits 1924 folgte die Einweihung eines architektonischen Wunderwerks.

Farben in unzähligen Abstufungen strahlen in der Kuppelhalle. Meterhohe bunte Stalaktiten verleihen dem Raum die Struktur eines Kristalls. Künstlerisch setzte Behrens hierbei das Spektrum der zeitweilig 30.000 lieferbaren synthetischen Farbnuancen um, die seine damalige Auftraggeberin, die 1863 gegründeten »Farbwerke, vormals Meister Lucius & Brüning« aus Höchst am Main, weltweit lieferte. Gekrönt wird die fünfgeschossige Halle durch polygonale Glaskuppeln, die über allem schweben. Auch ihre stufigen Formen sind dem Aufbau von Kristallen nachempfunden.

Die dunkle Seite der Farbwerke begann 1925, als sich Hoechst der Fusion mehrerer deutscher Chemiefirmen zur IG Farben anschloss, die bald das größte Chemieunternehmen der Welt wurde. Nach dem Zweiten Weltkrieg ordnete der Alliierte Kontrollrat die Auflösung der IG Farben an. Danach wurde der Behrensbau als Logo bekannt. Zusammen mit der ebenfalls von Behrens entworfenen Brücke, die von der Treppenhalle zum alten Hauptcomptoir führt, bildet der Turm das Firmenemblem von Hoechst.

Adresse Behrensbau, Eingang Tor Ost, Industriepark Höchst, 65926 Frankfurt am Main-Höchst | **ÖPNV** S 1, 2, Haltestelle Höchst | **Öffnungszeiten** Besichtigung im Rahmen einer kostenlosen Führung nach Anmeldung unter Tel. 069/3055413 | **Tipp** Farbphilosoph und Industriekünstler Friedrich Ernst von Garnier hat mehr als 70 Gebäude im Industriepark farblich gestaltet. Höchst-Führungen mundartlich: www.rezi-babbel.de.

45___Der jüdische Friedhof

Beth Ha'Chaim – Haus des Lebens

Die Stille des Ortes und seine einzigartige Würde sind eine Wohltat für jeden, der hereinkommt. Dieser jüdische Friedhof ist einer der schönsten und geheimnisvollsten in Deutschland. Schon nach wenigen Minuten hat sich die Stadt hinter der umlaufenden Mauer völlig verabschiedet. Man tritt in Dialog mit den bemoosten Steinen und versucht sich etwa zu vergegenwärtigen, wie 1614 hier beim »Fettmilchpogrom« die ganze jüdische Gemeinde zusammengetrieben wurde.

Es ist der zweitälteste jüdische Friedhof Deutschlands, das älteste erhaltene Grab datiert von 1272. Als die Juden 1462 vom Dom weg zur Ghettoisierung am Stadtrand gezwungen wurden, siedelten sie nahe bei ihrem Begräbnisplatz. Bis 1928 der Neue Jüdische Friedhof, an den Nordfriedhof angrenzend, belegt wurde, waren auf dem 12.000 Quadratmeter großen Areal 6.500 Grabsteine aufgestellt worden, die älteren klein und schmucklos, die jüngeren Steine mit den namensgebenden Zeichen der Wohnhäuser in der Judengasse versehen. Zu den bekanntesten Persönlichkeiten, die auf dem Friedhof Battonnstraße beerdigt wurden, gehört der 1812 beerdigte Mayer Amschel Rothschild, der Urvater der auch heute noch aktiven, weitverzweigten Bankiersfamilie.

Der größte Teil des Areals wurde 1943/44 während der Bombenangriffe auf Frankfurt zerstört. Allein das östliche Feld ist weitgehend erhalten geblieben und bietet noch immer das beeindruckende Bild eines mittelalterlichen jüdischen Friedhofs. Fast 200 wertvolle Grabsteine, vor den Bombenangriffen des Zweiten Weltkriegs gerettet, wurden nach der Instandsetzung der Anlage in den 1950er Jahren entlang der Innenseite der Friedhofsmauer aufgestellt. Weitere Grabsteine von bedeutenden Persönlichkeiten stehen auf dem Ehrenfeld im Südwesten. Zum Neuen Börneplatz hin, wo sich der historisch belegte Eingang befand, wurde ein modernes Metalltor in die als Gedenkstätte gestaltete Friedhofsmauer eingefügt.

Adresse zwischen Battonnstraße und Gedenkstätte Neuer Börneplatz | **ÖPNV** Tram 11, 12, 18, Bus 30, 36, Haltestelle Börneplatz | **Tipp** Beim Fischerplätzchen (Bus 30, 36, Haltestelle Schöne Aussicht) lag das Tor, durch das die Juden 1614 Frankfurt verlassen mussten. In der Schützenstraße 12, 60311 Frankfurt am Main-Innenstadt, hat sich das Gebäude der jüdischen Matzebäckerei erhalten (Hinterhof, links neben dem »Freien Theaterhaus«).

46 _ Der Jungbrunnen
Forever young

Laut Umfragen leben über vier Fünftel aller Frankfurter Bürgerinnen und Bürger gern in ihrer Stadt. Sie genießen es, im Grüngürtel spazieren zu gehen. Oder gestärkt und zufrieden, nach erfolgreichem Fitnesstraining an der frischen Luft, auf einer sonnigen Parkbank auszuruhen. Die glatten Hafenpark-Skulpturen aus weiß emailliertem Stahl bilden ein abstraktes Figurenensemble. Doch die beigestellten Schautafeln liefern keine Interpretationsversuche für den neuesten, ultramodernen Kunsttrend, sondern leichtverständliche Anleitungen zum effektiven Open-Air-Training.

Das urbane Sportstudio, zwischen Deutschherrn- und Honsellbrücke am östlichen Parkeingang, ist für Frankfurts Junggebliebene konzipiert worden. Zum Aufwärmen kann ein bisschen auf der Stelle gejoggt werden, dass auch leichte Dehnübungen für Arme und Beine dazugehören, versteht sich von selbst. Wach, erfrischt und gelockert wird das Training an den Geräten in Angriff genommen, getreu dem Motto von Turnvater Friedrich Ludwig Jahn: »Ein kernfester Leib ist notwendig zum Ringen mit dem kernfaulen Zeitalter.«

Die empfohlenen Übungen erhalten und steigern Kraft und Ausdauer, schulen das Gleichgewicht und verbessern die Beweglichkeit. Bei der Konstruktion der Übungsgeräte wurden zwei Gesichtspunkte besonders berücksichtigt: Auch Trainierende mit eingeschränkter Beweglichkeit können die Geräte schmerzfrei bedienen. Außerdem sind alle Geräte so gebaut, dass sie keine Fehlbedienung zulassen. Überforderung oder Überlastung der Gelenke sind ebenfalls praktisch ausgeschlossen. Dafür werden wichtige Muskelgruppen an Beinen, Rücken, Armen und Bauch einfach und wirkungsvoll gestärkt.

Am Anfang gehört ein bisschen Courage dazu, in der Öffentlichkeit zu trainieren. Die Befürchtung, es würde jemand komisch gucken, ist unbegründet. Im Gegenteil, wenn überhaupt geguckt wird, dann eher voller Anerkennung.

Adresse Hafenpark, 60314 Frankfurt am Main-Ostend | **ÖPNV** Tram 11, Haltestelle Ostbahnhof/Honsellstraße | **Öffnungszeiten** ganzjährig und -tägig | **Tipp** Testen Sie auch die anderen Freiluftfitnessparcours: In der Rose-Schlösinger-Anlage im Bornheimer Hang wurde der erste Senioren-Fitnesspark eröffnet, im Elli-Lucht-Park in Niederrad wird open air trainiert, ebenso im Huthpark und im Volkspark Niddatal.

47 — Die Kaffeerösterei
Knatternd schwitzen die Bohnen

Die H. Wissmüller GmbH & Co KG besteht seit 1948. Heute wird sie von Hermann Wissmüllers Tochter Margarete Wissmüller-Sztulman geführt, die am Kaffeeinstitut in São Paulo die Klassifikation und Degustation von Rohkaffee von der Bohne auf gelernt hat. Noch vor hundert Jahren knatterten die frischen Bohnen in den Rösttöpfen der Hausfrauen. Doch Rohkaffee ist nicht gleich Rohkaffee. Im kleinen Büro im Hinterhof, direkt neben Verkaufstresen und Röstraum, erläutert die Geschäftsführerin die Grundzüge des Kaffeehandels und der Rösterei.

Aus einer kleinen Plastiktüte rieseln blassgrüne Kaffeebohnen. »Wir lassen uns zunächst Rohkaffeeproben aus allen Hauptanbaugebieten schicken. Erst nach Proberöstung und Geschmacksprobe wird von den besten Sorten Rohkaffee in größerer Menge bestellt.« Vierzehn Premiumqualitäten, vom besonders kräftigen Brazil über den feinen, äthiopischen Öko-Mokka bis hin zu hauseigenen Mischungen, werden angeboten. Die Preise sind dabei äußerst moderat.

Ein Blick in den Röstraum und das kleine Rohkaffeelager veranschaulicht die unschlagbaren Frische- und Geschmacksvorteile des Manufakturbetriebes. »In der Fabrik wird eine Tonne Kaffee in fünf Minuten geröstet, im Heißluftverfahren. Dabei geht viel vom kostbaren Aroma verloren. Hier dagegen werden maximal 45 Kilo in einer Viertelstunde geröstet, bei maximal 200 Grad. So tritt das Kaffeeöl aus der Bohne langsam nach außen, und das sortentypische Aroma kann sich in Ruhe ausbilden.«

Margarete Wissmüller-Sztulman erkennt die Sorten im Lager sofort an den malerischen großen Stempeln auf den hellbraunen Kaffeesäcken. Hier und da rieselt eine kleine Bohnenstraße auf eine zur Probe eingeschobene Schütte. Die aktive Röstmaschine verströmt ein betörendes Aroma. Der frisch geröstete Stern-Espresso haut jeden um, und man genießt draußen im Hof verzaubert noch einige Probetassen.

Adresse Leipziger Straße 39, 60487 Frankfurt am Main-Bockenheim | **ÖPNV** U 6, 7, Haltestelle Leipziger Straße | **Öffnungszeiten** Mo–Fr 8–18.30 Uhr, Sa 9–15 Uhr | **Tipp** Bei »Empório VidaBio«, Hasengasse 2 (gegenüber der Kleinmarkthalle), gibt es echte brasilianische Snackspezialitäten: Pão de Queijo und Salgadinhos, dazu Bio-Kaffee und Tee und vieles andere mehr.

48 __ Der Kanaldeckel

Heiner als Harry Lime

Standort ist der Eingang zum U-Bahnhof Willy-Brandt-Platz, in Blickrichtung rechts das Schauspiel Frankfurt. Von der Rolltreppe fünf Gehwegplatten entfernt, liegt der Gully, aus dem Heiner Müller 1987 für ein Fotoshooting herausschauen musste. Man sieht ihm an, wie wenig Spaß die Kletterei gemacht hat. Es entstand eines der seltenen Bilder, auf denen er keine Zigarre in der Hand hält.

Hinter der Kamera stand Joseph Gallus Rittenberg (den zweiten Vornamen gab er sich nicht zu Ehren der Galluswarte, sondern seines Heimatorts Gallneukirchen), einer der bedeutendsten Fotokünstler der Gegenwart. Rittenbergs eigensinnige Schwarz-Weiß-Porträts prominenter Persönlichkeiten könnte man als Anti-Porträts bezeichnen. Etwa das Bild von Thomas Bernhard: eine vollkommen schwarze Fläche, an den äußersten Rand gerückt das Profil des Schriftstellers. Noch radikaler ist Rittenbergs schwarze Bildfläche mit Brillengestell, Knubbelnase und Zigarette rechts oben: das Porträt von Rainer Werner Fassbinder. Joseph Beuys stand im Trenchcoat, mit Rücken zur Kamera Modell, eigentlich schon inkognito, bestenfalls an der Hutkrempe erkennbar.

Für einen Rittenberg ist das Porträt Heiner Müllers insofern harmlos, beinahe unspektakulär. Günter Grass stand dem Kameragenie nach der Deutschen Wiedervereinigung widerstrebend Seite an Seite mit einer Plastikmülltonne Modell. Warum musste es für Heiner Müller ein Kanaldeckel sein? Sofort erklingt im Ohr des Betrachters die weltbekannte Zithermusik, das Harry-Lime-Thema von Anton Karas. Heiner Müller als »Dritter Mann«? Eher hat Rittenberg wohl an die oft haarsträubenden Fluchtversuche aus der DDR gedacht, schließlich entstand das Foto am Willy-Brandt-Platz vor dem Fall der Mauer. Das Schauspiel Frankfurt, im Hintergrund erkennbar, inszenierte 1981 unter Regisseur Wilfried Minks die erste westdeutsche Aufführung von Heiner Müllers Stück »Der Auftrag«.

Adresse U-Bahn-Zugang Willy-Brandt-Platz, 60311 Frankfurt am Main-Innenstadt | **ÖPNV** U 4, 5, Haltestelle Willy-Brandt-Platz | **Tipp** Hätte Fotograf Rittenberg noch Thomas Mann porträtieren können, dann ein paar Meter weiter am Kaiserplatz an den Säulen des Grandhotels »Frankfurter Hof«, wo »Die Bekenntnisse des Hochstaplers Felix Krull« teils entstanden, teils spielen. Hemingway fand das Hotel übrigens schlicht »too expensive«.

49__Das »kaufhausHESSEN«

Habbewolle wolld de Schwätzer

Auf den ersten Blick ist es ein bunter Wühlmarkt für alles Mögliche. Doch selbst der mit der langen Leitung kapiert's irgendwann. Alles im kaufhausHESSEN hat was zu tun mit Hessen. Hier hat sich eine Kauffrau niedergelassen, die es ernst meint mit dem bekannten Leitspruch: Denk global, handel lokal! Über hundert original hessische Handelspartner sind es bisher, die Katja Meiforts Markt für den Absatz von annähernd 3.000 Erzeugnissen nutzen, und es werden ständig mehr.

Bei aller Schollenverbundenheit ist es kein beschauliches Traditionslädchen für Trachtenkittel, blaue Hessenhemden oder Volkstanz-CDs. Es ist ein echtes Kaufhaus, in dem es bald (so gut wie) alles geben soll.

Die meisten Produkte sind innovativ und modern – wie etwa die Plastik-Ebbelwoi-Becher »Rippi« in verschiedenen Signalfarben oder der Ebbelwoi in der Getränkedose. Da scheiden sich freilich die Geister. Aber es soll halt für jeden »Simbel« (hessisch für Einfaltspinsel beziehungsweise Idiot) was dabei sein. Wer Grüne Sauce zubereiten will, kann zum Zutatenkauf in der Kleinmarkthalle höchst hipp mit der Grie-Soß-Dasch herumlaufen.

Das große Angebot an Hessen-Drucksachen reicht vom großformatigen Frankfurt-Bildband über die Lokalkrimis des unermüdlich schreibenden Taxifahrers Frank Demand bis hin zum Gag-Notizblock, wo man im Stil der Betriebsnudeln genau notieren kann, wer, was, warum und mit wem: »Gebabbeld mit / Wischdisch / Net so wischdisch / Morz eilisch / Riiefd widder aa / Misse mer widder aarufe / Habbe mer erledischd.«

Unter »Habbewolle wolld de Schwätzer« könnten die Händlerinnen sofort eitraache: »Eischentlich alles, aach wenn des noch net emaa en Eigeplackde gewese is. Wollt odde konnt awwer nix ausgewwe. Kemmt vielleischt nochemaa. (Eher net, wie der ausgesehe hat …)«

Adresse Berger Straße 288, 60385 Frankfurt am Main-Bornheim; www.kaufhaushessen.de; Onlineshop, Versand weltweit | **ÖPNV** U 4, Tram 12, Haltestelle Bornheim Mitte | **Öffnungszeiten** Di – Fr 10 – 19 Uhr, Sa 10 – 16 Uhr | **Tipp** Das »Vier-Fachgeschäft« Meder, Berger Straße 198, ist ebenfalls einzigartig – vor allem wegen seiner Modellbahn- und Spielwaren-abteilung.

50 — Das Klapperfeld

Faites votre jeu!

»*Faites vos jeux!*«, fordert der Croupier die Anwesenden am Roulettetisch auf: »Machen Sie Ihr Spiel.« Antiautoritär denkende Menschen verzichten gern aufs respektvolle »Sie«. Die Parole der Initiative »*Faites votre jeu!*« lautet auf Deutsch: »Macht euer Spiel!« Durch das »Du« klingt sie leicht herabwürdigend, als würden welche geduzt, die eigentlich absolut nicht geduzt werden dürfen, also die Mächtigen. »*Faites votre jeu!*« klingt, als wolle am Satzende noch etwas folgen wie: »Macht euer Spiel alleine!« oder »Macht euer Spiel ohne uns!«

Nicht weit entfernt von »der Konsti« (der Konstablerwache) nutzt die Initiative »Faites votre jeu!« seit Ende April 2009 das ehemalige Gefängnis Klapperfeldstraße als Veranstaltungsort. Klapperfeld, das sind 400 Quadratmeter mit 20 Gefängniszellen, die wegen der kleinen Fenster eher zum Musikmachen als zum Malen taugen, und ein Gefängnishof mit sechs Meter hohen Mauern aus Backstein. Gerade weil sie das Spiel der Mächtigen nicht mitmachen wollen, ist für »Faites votre jeu!«, die Teil des Netzwerks »Wem gehört die Stadt?« sind, der ehemalige Knast politische Herausforderung, Konfrontation und Chance zugleich.

Ein Gefängnis, in dem Unschuldige gefoltert wurden und aus dem bis in jüngste Vergangenheit politische Flüchtlinge deportiert wurden, will »Faites votre jeu!« nicht Frankfurts abgefeierten Adrenalinjunkies überlassen. Nicht Konsum, sondern Aufarbeitung und Stellungnahme fordert der Standort. Hier hat »Faites votre jeu!« bewiesen, dass ihr Einzug ins Klapperfeld das Beste war, was dem seither kontroversesten Kulturzentrum der Stadt passieren konnte. Von Anfang an stand die Dauerausstellung zur über hundertjährigen Geschichte des Gebäudes im Vordergrund. Die Ausstellung dokumentiert die nationalsozialistische Vergangenheit des Gefängnisses, in dem Gegner und Verfolgte der Nazis gefoltert und ermordet oder von dort aus in Konzentrationslager verschleppt wurden.

Adresse Faites votre jeu! Klapperfeldstraße 5, 60313 Frankfurt am Main-Innenstadt | **ÖPNV** S 1–6, 8, 9, U 4–7, Haltestelle Konstablerwache | **Öffnungszeiten** (Ausstellung) Sa 15–18 Uhr sowie bei öffentlichen Veranstaltungen im Klapperfeld, Gruppen oder Schulklassen außerhalb der regulären Öffnungszeiten mit Anmeldung unter Tel. 0163/ 9401683 oder per E-Mail: info@klapperfeld.de | **Tipp** An der Friedberger Anlage 5–6 ist eine weitere Facette der Nazi-Perfidie zu sehen: Auf den Grundmauern der zerstörten Synagoge der Israelitischen Religionsgesellschaft mussten 1942 französische Kriegs- gefangene einen Hochbunker bauen. Dort informiert eine Dauerausstellung über das jüdische Leben im Ostend.

51__Der Kohlesauger
Eyecatcher im Westhafen

Prinzipiell funktioniert ein Heizkraftwerk wie ein Ofen, der einen Raum erwärmen soll oder Wasser zum Kochen bringt. Natürlich sind die Dimensionen anders, aber im Kleinen wie im Großen wird ein Energieträger verbrannt. Das kann Erdgas oder fein gemahlene Steinkohle sein. In den Anlagen des Heizkraftwerks West wird zurzeit deutsche und kolumbianische Steinkohle verfeuert. Motorfrachtschiffe liefern das »schwarze Gold« im Frankfurter Westhafen frei Haus bis an die heizkraftwerkseigene Anlegestelle.

Aus dem offenen Laderaum wird die Kraftwerkskohle direkt vom Frachtschiff geholt. Die Entladung (Löschung) der Fracht besorgt – beeindruckendes Monument eines Löschkrans – der Kohlesauger. Nach dem Prinzip einer Schraubenpumpe transportiert eine archimedische Schraube die gemahlene Kohle aus dem Laderaum und beschickt das Kohleförderband. Die archimedische Schraube ist eine Förderanlage, die aus einer um eine Welle gedrehten Spirale besteht, welche der Länge nach von einem Transportrohr ummantelt ist.

Seit 1985 ist der offene Kohleumschlag am Heizkraftwerk West Vergangenheit. Heute verhindert ein geschlossenes Kohlesilo- und Transportsystem, dass beim Löschen der Schiffsladungen Kohlestaub durch die Luft wirbelt. Auf dem Weg vom Schiff zum Kessel wird das Kohleförderband durch das Innere des Gebäudes zum Tagesbunker geleitet. Natürlich nicht zwischen den Schreibtischen der Mitarbeiter hindurch.

Nicht nur auf der Förderstrecke sollen Mensch und Umwelt geschont werden, sondern auch bei der Verbrennung. Die Luft ist rein, zumindest so rein, wie es irgend geht. Die Kohle wird so umweltverträglich wie möglich verbrannt. Die Kesselanlagen des HKW sind mit Brennern ausgestattet, die eine stickoxidarme Verbrennung der Kohle gewährleisten. Zusätzlich werden dem Rauchgas noch verbliebene Stickoxide entzogen. Am Ende des Prozesses sollen nur noch Wasser und Stickstoff übrig bleiben.

Adresse Heizkraftwerk West Anleger, Rotfeder-Ring 1, 60327 Frankfurt am Main-Gutleutviertel | ÖPNV Bus 33, Haltestelle Main-Neckar-Brücke | Öffnungszeiten Saugzeiten können bei der Mainova AG erfragt werden unter Tel. 069/21302 | Tipp »Negin-Lebensmittel«, ein persischer Supermarkt, erwartet den Liebhaber exotischer Gewürze in der Gutleutstraße 171.

52 Die Lebensfreude

Auferstanden aus Kantinen

Castor und Pollux waren zwei heldische Söhne des griechischen Göttervaters Zeus. Ihre mythische Unzertrennlichkeit animierte die Erbauer der beiden zusammengehörenden Hochhäuser des »Forums« am messenahen »Platz der Einheit«, ihre Geschöpfe Castor und Pollux zu nennen. Im Foyer des »Castors« stehend und sich vom irritierenden Bild des »Castor-Transporters« zu befreien suchend, fragen wir plötzlich, auf ein äußerst markantes, kubistisches, riesenhaftes Gemälde à la Guernica zeigend: »Ist das ein Picasso?« Der Concierge, wie alle Frankfurter Concierges alles wissend und in allem beschlagen, lächelt milde und herablassend: »Nein, das ist ein Schlotter!«

Doch nicht etwa der Freund des großen Schriftstellers Arno Schmidt? Und ob! Im Gegensatz zu Schmidt, dem Großliteraten und Cooper-Übersetzer, der 1979 in die ewigen Jagdgründe einging, erfreut sich der Maler Eberhard Schlotter noch bester Gesundheit! In den 50ern des letzten Jahrhunderts verdiente sich der Künstler mit »Kunst am Bau« sein Brot: Finanzämter, Zollbehörden und große Firmen ließen sich ihre Kantinen von Eberhard Schlotter verschönern. Die farbenfrohen, aber nie grellen antikisierenden Szenen aus Arkadien waren schön allgemein und ungefährlich in einer Zeit, wo schon ein nackter Arm oder ein kurzer Rock in der Literatur leicht unter christlichen Pornografievorwurf geriet.

Die »Lebensfreude« im Castor, themengleich und fast gleichnamig mit einem 1955 entstandenen Werk Eberhard Schlotters für das Stadthaus von Bergisch Gladbach (»Wiederkehr der Lebensfreude«), wurde 1994 von der Kantinenwand des anschließend gesprengten Verwaltungsgebäudes der Deutschen Bahn abgelöst, restauriert und 1997 in die Castor-Lobby übertragen. Es führte den Beweis, dass die Kunst wertvoller ist als der Bau. Möge der jetzige »Castorbehälter« Eberhard Schlotters Bild noch lange schützend umschließen. Der nächste Abriss aber kommt bestimmt.

Adresse Platz der Einheit 1, 60327 Frankfurt am Main-Gutleutviertel | ÖPNV U 4, Bus 32, Haltestelle Festhalle / Messe | **Tipp** Die Technische Sammlung Hochhut in der Hattersheimer Straße 2−6, 60326 Frankfurt am Main-Gallusviertel, ist ein weiteres Kleinod: Frankfurts Schatzkiste für Motoren- und Karosseriefreaks, geöffnet Mi 10−16 Uhr.

53 Der Leuchtzeppelin
Irrungen und Wirrungen eines Kunstkokons

Im sonst drögen Grünstreifen auf der Nibelungenallee steht er, und jeder Pendler grüßt ihn täglich und verabschiedet sich von ihm, sehnt ihn herbei oder wünscht ihm genervt »Gute Nacht!«, und das seit der sogenannten Luminale 2006. Damals hatten ihn Architekturstudenten der Fachhochschule nach einer Idee von Oliver Skerbs mit ihrem Professor Wolfgang Rang geplant und in Zusammenarbeit mit der Stahlbaufirma Hahner in Petersberg bei Fulda aus fünf Tonnen Stahl und zwei Tonnen Aluminium gebaut. Manche ungeklärte Frage wurde erst direkt in der Werkhalle beantwortet. Um die Nummer eins der FAQ der Betrachter zu beantworten: Nein, es ist kein Zeppelindenkmal! Wer das sucht, muss sich Am Dammgraben, Ecke Müllerstraße im Gutleutviertel umschauen.

Die Arbeit der angehenden Architekten wurde ein voller Erfolg. Alle, die den »Lichtkokon« damals sahen, waren von dem farbenfrohen Erlebnis des unten am Bauch aufgeschnittenen und begehbaren Kokons begeistert, und die Wettbewerbsjury des Architekturwettbewerbs »FARBE in der Architektur« der Architekturzeitschrift »Frames« verlieh ihm den zweiten Preis. Um das zu würdigen, muss man wissen, dass 292 Arbeiten eingereicht worden waren, von denen 168 in die engere Wahl kamen.

2010 erschütterte eine Hiobsbotschaft das Nordend: Der Lichtkokon solle verschwinden, da die Verkehrssicherheit nicht mehr gewährleistet sei! Das Stadtbauamt forderte Architekturprofessor Rang ultimativ auf, das Kunstobjekt selbst zu entfernen, sonst würde die Stadt den Kokon kostenpflichtig »wegräumen« und ihm die Rechnung zustellen. Die Empörung war allgemein und wurde sogar im Amt gehört. Stabilität und Masse des kleinen Giganten mögen die Stadtoberen schließlich eines Besseren belehrt haben. »Wir ... haben den Ehrgeiz, den zurzeit schlafenden Stahlkoloss wieder zum Leben zu erwecken und zum Leuchten zu bringen, damit seine ganze Schönheit erneut zur Geltung kommt«, so der jetzige Verkehrsdezernent.

Adresse Fachhochschule Frankfurt am Main, Nibelungenplatz 1, 60318 Frankfurt am Main-Ostend | **ÖPNV** Bus 30, Haltestelle Nibelungenplatz/FH | **Tipp** Der riesige Klotz gegenüber der Fachhochschule ist das Bürocenter Nibelungenplatz, ein Hauptdrehort der früheren ZDF-Serie »Ein Fall für zwei«. Es hat sogar einen eigenen Atomschutzkeller.

54 Das Literatenviertel

Mit Litterratttuuur hatttas niiichts zu tuuun!

Bei einem Wettbewerb um den Klagenfurter Literaturpreis trug es sich zu, dass Marcel Reich-Ranicki (zuletzt wohnhaft im Dornbusch), selbst ernannter Kritiker von Gottes Gnaden, den wahrhaft großen Schriftsteller Jörg Fauser (1944–1987) abkanzelte. Auch das sich später als ehemaliges NSDAP-Mitglied entpuppende Jurymitglied Walter Jens näselte seine Abscheu vor dem seiner Meinung nach ach so profanen, jeder abstrusen Invention und innovativen Schnörkelei abholden Erzählen Fausers.

Eine dunkle Stunde der sich überlegen gerierenden deutschen Literaturkritik, eine große Stunde für den unberührt derlei Blödsinn ertragenden Fauser. Sein meisterhaft schlicht erzählter Roman »Rohstoff« entführt den Leser direkt ins Frankfurter Bahnhofsviertel. Hier war Fauser innerlich zu Hause, wiewohl in Bad Schwalbach geboren.

Peter Kurzecks Viertel war es nicht minder – der kleine Mann mit dem langen Atem hätte noch gut weitere 20 Jahre seine endlosen inneren Monologe in Buchform pressen lassen können, es wäre immer weitergegangen und den ganzen Tag elf Uhr geblieben in seinen Werken. Eine Artikelserie heißt: »Mein Bahnhofsviertel«. Kurzecks Prosa ist von der Fausers gänzlich verschieden, nur der Blickwinkel ist ähnlich: Nie von oben, immer aus der Jackentasche heraus, in der eine stets genau bekannte Geldsumme in der Hand liegt.

Ob sich Jörg Fauser, Peter Kurzeck und Jakob Arjouni in »ihrem« Viertel je begegnet sind? Arjouni über Arjouni: »Von vierzehn bis achtzehn regelmäßige Fahrten ins Frankfurter Bahnhofsviertel zum Pool-Billard. … Ersten Roman geschrieben, ›Happy Birthday, Türke!‹, und erstes Theaterstück, ›Die Garagen‹.« Auch Krimiautor Arjouni ist tot, er starb wie Kurzeck 2013. Seine Figur Kayankaya, in fünf Krimis verlebendigt, ist der Sohn eines türkischen Gastarbeiters, der selbst kein Türkisch spricht und nur ein Viertel richtig kennt, das Frankfurter Bahnhofsviertel.

Adresse Zwischen Hauptbahnhof und Taunusanlage | **ÖPNV** S 1–9, U 4, 5, Tram 11, 12, 16, 17, 20, 21, Bus 33, 35, 37, Haltestelle Hauptbahnhof | **Tipp** Im »Diamond Club«, Moselstraße 46–48, trat einst Elvis Presley auf. Heute ist es der beste Club für den Abschied vom Singledasein; geöffnet Mo–Do 21–4 Uhr, Fr–Sa 21–5 Uhr.

55 Das MainÄppelHaus

Kneip mich, ich glaub, ich träume

Ein »Schobbe« ist ein Glas vom Frankfurter Stöffsche, dem Ebbelwoi. Ein »Schobbepetzer« ist jeder, der den Schobbe »petzt«, »kneipt«, sprich: trinkt. Laut Grimm'schem Wörterbuch ist das »petzen« für trinken eine darmstädtische Wendung:»Ich wor bei e poor gute freind, un do howwe mer e scheppche wei minnanner gepetzt.« Nun kann man freilich in einem der zahlreichen Frankfurter Ebbelwoigärten trinken oder kneipen oder petzen was und so viel man will – klüger wird man davon nicht.

Aber es gibt eine Möglichkeit, Trunk und Ausbildung zu verknüpfen: Der MainÄppelHaus Lohrberg Streuobstzentrum e. V. ist einer von mehreren Streuobstwiesenvereinen in Deutschland, die sich der Pflege alter Obst- und Gartenkultur verschrieben haben. Hier wird erklärt, was es für alte Apfelsorten gibt, wie der Apfel in die Flasche kommt oder wie man Apfel- und andere Obstbäume richtig schneidet. Auf 17 Hektar Fläche werden 80 verschiedene Arten Äpfel kultiviert – an einem besonders schönen Baum vor dem Vereinslokal sind allein zehn davon zusammengepfropft! Der Verein widmet sich seit der Gründung 2005 aber auch dem Ökosystem Streuobstwiese. »Mosttrinker sind Naturschützer«, hieß es schließlich schon in den 80er Jahren des letzten Jahrhunderts.

In den 1950er Jahren kam durch den Emser Beschluss das Ende der »Intensivkultur hochstämmige Obstwiese« (in Westdeutschland: Streuobstwiese) zugunsten der mechanisch abzuerntenden niedrigstämmigen Plantage. Damit wurde ein filigranes künstliches Ökosystem dem Untergang geweiht. Zahlreiche Insektenarten, Bienen und viele Vögel hatten plötzlich deutschlandweit keine Heimat mehr. Am sonnigen Lohrberger Hang haben sie dagegen unbefristet Asyl. Auch der »Schobbepetzer« kann sich hier freilich die Sonne auf den Pelz brennen und den Ebbelwoi aus Hofladen und Äppelbistro schmecken lassen. Es geht auch ohne Alkohol: Ende September gibt's frischen, aus Lohrbergäpfeln gekelterten »Süßen«.

Adresse Klingenweg 90, 60389 Frankfurt am Main-Seckbach | ÖPNV U 4, Haltestelle Seckbacher Landstraße; Bus 43, Haltestelle Budge-Heim / Lohrberg | Tipp In Seckbach (dessen Name sich angeblich von »Sickerwasser« herleitet) beginnt am Alteborn (»alter Brunnen«) in der Atzelbergstraße der Frankfurter Quellenwanderweg. Endpunkt der Wanderung zu zwanzig Schichtquellen über dem wasserundurchlässigen Cyrenenmergel-horizont ist der Schelmenborn am Burggraben der Schelmenburg in Bergen.

56 Das Mal Seh'n Kino

Für Cineasten

Außergewöhnliche Filme führen außergewöhnliche Menschen zusammen. Allerdings nicht oft in so schönen Locations wie hier, im Frankfurter Nordend. Auf den ersten Blick sieht das versteckt gelegene Programmkino, 1984 von Filmfreunden und Filmemachern in Eigenarbeit ausgebaut und lange Zeit einziges Programmkino der Stadt, wie ein Galeriecafé mit Wintergarten aus. An das Gebäude aus dem 19. Jahrhundert, in dem sich der Kinosaal mit 80 Sitzplätzen befindet, schließt ein luftiger Glasanbau an, wo die Gäste bei Kaffee, Wein oder Cocktails in künstlerischer Atmosphäre zwischen Palmen sitzen. Barrierefrei führt der Eingang zum Foyer und dem Filmsaal.

Was an Programmkinos anders ist als an anderen Kinos? Ganz einfach: das Filmangebot. Statt millionenschwerer Hollywoodproduktionen und computeranimierter Special Effects wird in Programmkinos ausschließlich Kinokunst gezeigt. Die erzählten Geschichten verzichten auf technische Klischees und nehmen die Zuschauer in Lebenswelten mit, an denen das Mainstreamkino vorbeirauscht. Oft im Rahmen besonderer Filmreihen zeigt das Mal Seh'n Kino Kunstfilme und Dokus in Originalfassung mit deutschen Untertiteln.

Wo Kino nichts mit Konsum, sondern mit Kunst und kritischer Stellungnahme zu tun hat, gehört die Auswahl cineastischer Delikatessen genauso ins Programm wie ein lebendiger Dialog zwischen Machern und Publikum. Regelmäßig laden die Veranstalter internationale Regisseure ein, bei den Vorführungen ihrer Filme als Gast dabei zu sein. Die Künstler berichten über ihre nicht selten riskante, weil politische Filmarbeit. Mit den Zuschauern kommt man leicht ins Gespräch. Vielleicht weil Cineasten andere Menschen und erst recht ihre Sitznachbarn im Kino insgeheim als Hauptfiguren eines unbekannten Films sehen? Zum Schluss ein Clou für gute Beobachter: Der Korkenzieher an der Wand im Café stammt von Erfinder Walter Günther (siehe Seite 92).

Adresse Mal Seh'n Kino e. V., Adlerflychtstraße 6, 60318 Frankfurt am Main-Westend;
www.malsehnkino.de | **ÖPNV** U5, Haltestelle Musterschule | **Öffnungszeiten** Karten-
vorbestellung (ab 19 Uhr) unter Tel. 069/5970845 | **Tipp** Das kleine brasilianische
Eckcafé »Cafuchico« in der Eckenheimer Landstraße 61 verzaubert mit Fröhlichkeit,
bunten Farben und erstklassigem Kaffee. Geöffnet Di–Sa 10–21 Uhr, So 10–19 Uhr.

57 __ Das Mampf
Avoid hangover, stay drunk

Jubelstürme im Handtuch. Boden bebt, Wände wackeln. Wirt Micha strahlt. Für die Musiker auf der winzigen Bühne könnte es die ganze Nacht lang weitergehen, ein schnelles, eiskaltes Bier, schon sind sie wieder frisch, und vom Publikum will – wie man deutlich hört – auch noch lange keiner nach Hause. Also Zugabe. Die nächste. Und noch eine. Jazz around the clock. Immer an der Wand lang hockt Gast an Gast, zur Hälfte Männer, zur Hälfte Frauen, die meisten aus Frankfurt, dazwischen Engländer, Amerikaner und Franzosen. Auch vor dem Tresen kein freier Barhocker mehr, und noch immer schieben sich Neuankömmlinge dazwischen. Am laufenden Band zapft Micha Äppelwoi und Bier, nebenbei serviert er noch kleine, warme Speisen. Alle Gesichter sehen glücklich und sorglos aus, und allzu gut versteht man den Spruch, der hinter dem Tresen hängt: »Das Mampf ist der Hafen, die Ehe ist nur die Gaststätte.«

Mit gesundem Mutterwitz und einer gewissen Entschlossenheit im Kampf gegen muffigen Alkitrübsinn gelang es den Jungen Wilden der frühen Mampfjahre, den winzigen Laden zu entern und umzukrempeln. Eine strategisch wohlkalkulierte Doppelmaßnahme half, das vorgefundene Stammpublikum aus Hütchentrinkern und Peter-Alexander-Anhängern von den Barschemeln zu hebeln: keine Macht für Asbach und Free Jazz für alle, mit sofortiger Wirkung. Den schockierten Schlagerfreunden flog bei Herbie Hancock und Chick Corea das Moos aus den Ohren. Die Würfel waren gefallen, Würfel und Würfelbecher rollten vom Tresen und wurden hastig platt getrampelt, als die in Panik geratene Herde fluchtartig das Feld räumte. Von den sieben Studenten, die das Mampf vor langer Zeit übernahmen, ist allein der heutige stolze Betreiber, Wirt Micha, übrig geblieben.

Gäste mit gültiger MCC (Mampf-Club-Card) genießen besonderen Vorzug in Frankfurts kleinstem Jazzclub.

Adresse Sandweg 64, 60316 Frankfurt am Main-Ostend; www.mampf-jazz.de | **ÖPNV**
U 4, Haltestelle Merianplatz oder Höhenstraße; Bus 32, Haltestelle Höhenstraße |
Öffnungszeiten So–Do 18–1 Uhr, Fr, Sa 18–2 Uhr, Konzert 20.30–23 Uhr | **Tipp**
An der Hauptwache, zehn Minuten vom »Mampf« entfernt, liegt der »Jazzkeller« in der
Kleinen Bockenheimer Straße 18a, 60313 Frankfurt am Main-Innenstadt. Die gut
befreundeten Betreiber repräsentieren zusammen gut hundert Jazzclubjahre.

58__ Der Maunzenweiher

Gnadenteich für Prachtschildkröten

Wo heute weltabgeschieden der Maunzenweiher im Wald liegt, haben die Oberräder Töpfer früher tonigen Letten für ihr Handwerk gewonnen. Als sie ihre Lehmkuhle, die »Lettikaut«, verlassen hatten, sammelte sich Wasser darin. Hans Bernhard Jacobi, seinerzeit Leiter des Frankfurter Forstamtes, hatte ein Faible für Teiche. Er sorgte dafür, dass aus der vollgelaufenen Lehmgrube ein vorzeigbarer Teich wurde, der im November 1931 der Öffentlichkeit zugänglich gemacht wurde. Zur gleichen Zeit eröffnete man auch den unter Jacobis Leitung geplanten und gebauten Goetheturm. Das Goethejahr 1932 warf seine Türme und Teiche voraus.

Im Namen »Maunzenweiher« hört man angeblich noch die einstmals im Stadtwald heimischen Wild- beziehungsweise Waldkatzen (Felis silvestris silvestris). Doch das waren sicher nur ausgewilderte Stadtkatzen (Felis silvestris catus). Genauso wie die Schildkröten, die man hier beobachten kann, keineswegs Europäische Sumpfschildkröten (Emys orbicularis) sind, wie es sich gehören würde, sondern ausgesetzte Rotwangen-Schmuckschildkröten (Trachemys scripta elegans), die sich sommers gern auf Treibgut sonnen.

Der weltferne Maunzenweiher lockt neben Menschen auch Graureiher, Blässhühner, Grünfüßige Teichhühner und die unvermeidlichen Stockenten an. Die aus Ostasien schon im 18. Jahrhundert nach Frankfurt importierte und seither vor Ort brütende Mandarinente harmoniert farblich gut mit den Prachtschildkröten. Diese halten jedoch, so leid es einem tut, nur selten einen der hiesigen Winter aus. Doch dank der schrecklichen Unart der Einheimischen, ihren Kindern Tiere zu schenken, die dann doch zu viel Arbeit machen, wird die erfrorene Population immer wieder aufgestockt. Auch der Buchrainweiher nebendran lohnt einen Besuch. Das Umweltamt hat zwei »Wasserführer« herausgegeben: Es gibt in Frankfurt über 90 Flüsse und Bäche, Altarme, Seen, Teiche und Tümpel zu entdecken!

Adresse Maunzenweiher, 60599 Frankfurt am Main-Oberrad | **ÖPNV** Tram 15, 16, Haltestelle Buchrainstraße (dann etwa zwei Kilometer Fußweg); Bus 30, 36, Haltestelle Hainer Weg (nun ja, circa drei Kilometer Fußweg) | **Tipp** Ebenfalls im südöstlichen Stadtwald liegt die »Schillerruhe«, wo der junge Dichter einst im Walde schlief: Tram 14, Bus 653, Haltestelle Neu-Isenburg Stadtgrenze, zehn Minuten zu Fuß die Darmstädter Landstraße Richtung Frankfurt, an der Schillerschneise rechts ab, dann noch circa 100 Meter.

59___Das Maurische Haus
Maghreb am Main

Versteckt hinter Bäumen steht an der Eschenheimer Anlage im Frankfurter Nordend ein palastartig gebautes, hohes weißes Gebäude. Sein Baujahr liegt bereits deutlich jenseits von Klassizismus und Romantik. Von Johann Friedrich Weinsperger, einem Frankfurter Maurermeister, 1857 erbaut, gehört die Maurische Villa stilistisch bereits zum Historismus, für den märchenhafte Bauwerke wie etwa Schloss Neuschwanstein beispielhaft geworden sind. Seltener ist für diese Epoche der orientalisierende Stil der Maurischen Villa.

Die nordafrikanischen Mauren waren Berberstämme, die von den Arabern im 7. Jahrhundert zum Islam bekehrt wurden und in der Folge die Iberische Halbinsel eroberten. Viele von ihnen stammten aus dem nördlich der Sahara gelegenen Maghreb, dem Gebiet, zu dem unter anderem Tunesien, Marokko und Algerien gehören. Insbesondere in Südspanien hinterließen die Mauren zahlreiche Spuren ihrer einzigartigen kunsthandwerklichen Kenntnisse.

Zu den Dekorelementen des Maghreb zählen Flechtbänder, Rauten und Sterne, wie sie Baumeister Weinsperger als Fassadenschmuck der Maurischen Villa und für die Form der Fenster einsetzt. Übliche Baumaterialien maurischer Architektur waren Fliesenmosaike, wie sie sich am großen Bogenfenster des Maurischen Hauses finden. Das häufig verwendete Grün spielt dabei eine besondere Rolle. Mit der grünen Farbe des Lebens wird im Islam der Prophet Mohammed verehrt. Göttlichen Schutz versprachen auch bestimmte ornamentale Formen und Motive wegen ihrer unheilabwehrenden Wirkung.

Johann Friedrich Weinsperger hat Frankfurt ein seltenes Baukunstwerk hinterlassen, obgleich die Hingabe ans Detail schon damals ihren enormen Preis hatte. Eine Hypothek in Höhe von 18.000 Gulden lastete angeblich seinerzeit auf den zierlichen Fialen der Märchenvilla. Ein Kaufmann wurde dem Vernehmen nach bald darauf ihr Besitzer. Er soll ausgedehnte Ägyptenreisen unternommen und eine geheimnisvolle Geliebte aus fernen Ländern mitgebracht haben.

Adresse Blumenstraße 2, 60318 Frankfurt am Main-Nordend | **ÖPNV** U 1–3, 8, Haltestelle Eschenheimer Tor | **Tipp** Eine eindrucksvolle Fassadenmalerei kann man am Haus der Maßschneider-Innung bewundern, nur 800 Meter vom Maurischen Haus entfernt in der Bleichstraße 38a, gegenüber der Sankt-Peter-Kirche.

60__ Die Metrobabs

»Sankt Barbara, bei Tag und Nacht …

… fahr' mit dem Vater in den Schacht! / Steh Du ihm bei in jeder Not, / bewahr' ihn vor dem jähen Tod!« Die Schutzheilige der Bergleute steht aus gutem Grund an der Wand der U-Bahn-Station Schweizer Platz, denn hier ist richtig bergmännisch gearbeitet worden. Seit 1971 hat man die meisten Frankfurter U-Bahn-Tunnel in NÖT errichtet, in »Neuer Österreichischer Tunnelbaumethode«. Hierbei wurden in die weichen Tone des Frankfurter Untergrunds Röhren gebaggert, deren Wände man sofort mit Ankern und Netzen ausgekleidet und mit Spritzbeton verfestigt hat. Große Nöte standen natürlich die Anwohner aus, denn lautlos fraßen die Maulwürfe nicht, wiewohl bei der Mainunterquerung die Gerätschaften in größere Tiefen abtauchten als sonst. Der U-Bahnhof Schweizer Platz ist einer der tiefsten Frankfurts.

Die heilige Barbara in ihrer Plexiglaspille an der Stollenwand zählt zu den vierzehn Nothelfern gegen Gewitter, Feuergefahr, Fieber, Pest und allgemein gegen plötzlichen und unvorhersehbaren Tod. Da sie – der »Legenda aurea« nach – von einem Felsen geschützt wurde, der sich öffnete und sie verbarg, wählten die Bergleute sie zu ihrer Patronin. Blitz und Donner sind ihre Attribute.

Um die im protestantischen Frankfurt ziemlich einsam dastehende katholische Heilige ihrerseits zu schützen, umgibt sie ein Ring aus prominenten Frankfurter Heiligen, darunter »Roselinde« Arndt (Frau von Ex-OB Rudi Arndt), »Frolinde« Balser (ehemalige Stadtverordnetenvorsitzende) sowie »Liesel« (Schauspielerin Liesel Christ), die jeweils die Patenschaft für einzelne Bauabschnitte des beeindruckenden, dreischiffigen, unterirdischen »Sakralbaus« übernommen haben. Architekt der U-Bahn-Krypta war Willy Orth. Als am 27. September 1984, nach sechs Jahren, 250.000 Frankfurter gemeinsam mit OB Wallmann die Inbetriebnahme der U-Bahn-Strecke von Hibbdebach nach Dribbdebach feierten, wurde so ganz nebenbei das Schweizer Straßenfest aus der Taufe gehoben.

St. Barbara Schutzpatronin der Tunnel-Bauer

1976 · 1984

Roselinde · Frolinde · Sybille · die Tunnel Patinnen · Margarete · Uschi · Liesel

Adresse U-Bahn-Station Schweizer Platz, 60594 Frankfurt am Main-Sachsenhausen | **ÖPNV** U 1–3, 8, Tram 15, 16, 19, Haltestelle Schweizer Platz | **Tipp** Von der U-Bahn zum U-Boot ist es nicht weit: Die Sachsenhäuser Traditionskelterei Possmann, Eschborner Landstraße 156–162, lagert den Ebbelwoi in ehemaligen U-Boot-Tanks. Besichtigung erwünscht: www.possmann.de.

61 Die Mordvilla

Kalte Spur in Seckbach

Noch dreißig Jahre nach dem Attentat auf Heinz-Herbert Karry teilte das Hessische Landeskriminalamt mit, ein Mord verjähre nie, und falls es neue Anhaltspunkte gebe, würden die Ermittlungen jederzeit wieder aufgenommen. Der Mordfall Karry blieb bis heute unaufgeklärt. Schon lange vor der Mordnacht klagte Minister Karry, der den Spitznamen »Babba Karry« trug, im Ortsidiom über nächtliche anonyme Anrufe: »Da ist nachts einer dran, der meld sich net, den hört mer nur atme.«

In der Nacht auf Montag, den 11. Mai 1981, erhielt die Gattin des Ministers wieder einen solchen Anruf. Um 2.30 Uhr parkte eine Funkstreife routinegemäß 15 Minuten vor dem Haus. Einer weiteren Polizeistreife, die um 4.35 Uhr in der Nähe war, entging, dass vor dem Ministerhaus mittlerweile ein roter Ford stand, aus dem ein etwa dreißigjähriger Mann und eine gleichaltrige Frau die Villa beobachteten. In der Morgendämmerung kamen der oder die Täter mit einer Stehleiter aufs Grundstück. Um 5.02 Uhr wurden durchs offene Schlafzimmerfenster zwei Schüsse über die Köpfe des Ehepaars hinweg abgefeuert und trafen die Wand. Heinz-Herbert Karry lief zum Fenster. Er wurde von vier weiteren Schüssen getötet.

Es ist möglich, dass die Täter den Minister ursprünglich nicht ermorden wollten und dass erst Karrys unerwartetes Auftauchen direkt vor ihnen eine Affektreaktion auslöste. Wäre sonst die Stehleiter unter dem Fenster liegen geblieben? Hätten die Täter sonst die Waffe zwei Straßen weiter einfach weggeworfen? Später erinnerte sich der Sohn des Ermordeten daran, dass die Leiter 17-mal zum Fotografieren umgestellt worden sei, ohne dass irgendjemand dabei Handschuhe getragen hätte. Auch habe die Spurensicherung dilettantisch gearbeitet. Jugendliche fanden die Tatwaffe, eine Pistole Typ »High Standard«, die bereits 1970 aus der Ayers Kaserne in Kirch-Göns gestohlen worden war.

Adresse Hofhausstraße 51, 60389 Frankfurt am Main-Seckbach | **ÖPNV** Tram 18, Haltestelle Alkmenestraße oder Walter-Kolb-Siedlung | **Tipp** In der Gwinnerstraße 5 in Seckbach hat Frankfurts Traditionsclub »Batschkapp« seinen neuen Standort. Vier Bars auf 670 Quadratmetern, aber musikalisch bleibt alles beim Alten.

62___Das Moseleck

Wo du auf Anhieb zu Hause bist

Der Empfang ist immer sonnig. Wer lange überlegt, wo er sich hinsetzen soll, wird schon von irgendwo herangewunken. Wenn draußen schönes Wetter ist, kann es passieren, dass ein prominenter Ex-Fußballstar eigenhändig die großen Fenster zur Münchener Straße aufreißt, damit das lärmende Treiben im Bahnhofsviertel besser zu verfolgen ist. Bei Rainer am Tresen werden zwei Bier bestellt, die sofort auf dem Tisch stehen. Und ehe man sich's versieht, stößt man schon mit dem sanftmütigen Boss einer Kinderkampfschule auf die Liebe an. Er ist heute ein bisschen traurig, trotz Wochenende und blauem Himmel. Wegen einer Frau. Zigarettchen werden angeboten. Mister Fußball bestellt für alle nach.

Für den Sport teilen Crew und Gäste eine große Leidenschaft. Fotoaufnahmen bedeutender Boxkämpfe schmücken die Wände. Für sportbegeisterte Gäste werden auf einer Großbildleinwand Fußballspiele und Meisterschaften live gezeigt. So manche Siegesfeier zieht sich bis in die Morgenstunden hin. Die Mannschaft hinterm Tresen bleibt entspannt und freundlich, obwohl rund um die Uhr reger Betrieb herrscht. Erst um vier Uhr früh schließt das Moseleck und macht zwei Stunden später mit Frühstücksmenü wieder auf.

Das Eckhaus in der Moselstraße blickt nicht nur auf eine über hundertjährige Tradition als Gastwirtschaft zurück, es wurde auch Zeitzeuge bewegter Frankfurter Brauereigeschichte. 1921 schluckte Henninger die Konkurrenzbrauhäuser Kempf, Stern und J. G. Heinrich und firmierte von 1935 an als Henninger Bräu AG, die – nebenbei bemerkt – 1951 als erste deutsche Brauerei die Bierdose auf den Markt brachte. Fürs Moseleck spielt das selbstverständlich keine Rolle, hier wird Henninger in Pils- und Exportqualität frisch vom Fass gezapft. Darüber hinaus hält Betreiber Harald Statt heute wie seit über 20 Jahren eine exquisite Auswahl eisgekühlter Champagnersorten für seine Gäste und deren bezaubernde Begleiterinnen bereit.

Adresse Moselstraße 21, 60329 Frankfurt am Main-Bahnhofsviertel | **ÖPNV** S 1−9, U 4, 5, Tram 11, 12, 16, 17, 20, 21, Bus 33, 35, 37, Haltestelle Hauptbahnhof; Tram 11, 12, Haltestelle Weser-/Münchener Straße | **Öffnungszeiten** täglich 6−4 Uhr | **Tipp** Frische, preiswerte Fischgerichte gibt's unweit bei Alim in der Münchener Straße 35−37, geöffnet Mo−Sa 10−21 Uhr.

63 __ Der Musikladen Cream
Vier Hähne für ein Halleluja

Elvis Presley war natürlich da. Der King hat sich die Gitarren nach draußen an seinen Schlitten bringen lassen, den Kauf wickelte sein Manager drinnen im Laden ab. Billy Idol war auch da und ist wütend abgedampft, weil im Laden nicht sein Foto hing, sondern das von Paul Stanley. John Lennon hat kurz vor seinem Tod eine Gitarre im Cream gekauft. Sammy Davis junior war im Cream. Billy Haley war im Cream. Die Stones waren im Cream. Jazzlegenden wie die Brüder Mangelsdorff, Gustl Mayer und Paul Kuhn waren im Cream.

Radiosender AFN Frankfurt versorgte ab 1945 die amerikanischen Streitkräfte mit Musik aus Amerika, und es dauerte nicht lange, bis die ersten Stars der Vereinigten Staaten in Frankfurts amerikanische Offiziersclubs eingeflogen wurden. Sie brachten ihre Gitarren mit. Im Cream, damals noch Musikhaus Hummel, schlug der Anblick der ersten Fender wie ein Blitz ein. Der Import von Fender-Gitarren nach Europa und der Verkauf der allerersten E-Gitarre in Deutschland gehen aufs Konto von Musikhaus Hummel.

Aus Hummel wurde Hahn: Seit der zweiten Generation wird das 1904 gegründete Familiengeschäft unter dem Namen Hahn geführt. »Man kennt uns auf der ganzen Welt«, sagt Bernhard Hahn. Jeder zweite Kunde ist aus dem Ausland, die Welt ist den ganzen Tag zu Gast, Musiker sind auf der ganzen Welt eine Familie mit derselben Sprache, und alle, die im Cream arbeiten, machen selbst Musik.

Gary Moore bekam den Blues, als er in der Vitrine eine Fender Stratocaster von 1961 und Gibson Les Paul-Gitarren von 1958 und 1960 entdeckte. Unverkäufliche Sammlerstücke. Da hat der irische Dickschädel gejammert. »Soll das heißen, ihr habt einen verdammten Gitarrenladen und verkauft keine Gitarren?« 2018 werden die Gebrüder Hahn das Bahnhofsviertel verlassen – aus Protest gegen die falsche Drogenpolitik der Stadt, die zu einer massiven Zunahme der Kriminalität im Bezirk und zu Umsatzeinbußen führte. Der Mythos Cream wird dann in der Sachsenhäuser Seehofstraße weiterleben.

Adresse Taunusstraße 43, 60329 Frankfurt am Main-Bahnhofsviertel | **ÖPNV** S 1−9, U 4, 5, Tram 11, 12, 16, 17, 20, 21, Bus 33, 35, 37, Haltestelle Hauptbahnhof; Tram 11, 12, Haltestelle Weser-/Münchener Straße | **Öffnungszeiten** Mo−Fr 10−19 Uhr, Sa 10−18 Uhr | **Tipp** Unternehmer Oskar Schindler rettete im Nationalsozialismus vielen Juden das Leben. Zuletzt wohnte er Am Hauptbahnhof 4 im Bahnhofsviertel.

64 Das Musikzimmer

Hindemith ist in der kleinsten Kammer

Paul Hindemith war zwar gebürtiger Hanauer, kam jedoch schon 1905, mit zehn, ins Gallusviertel. Damals hatte er gerade angefangen, das Violinspiel zu erlernen. In Idsteiner Straße und Frankenallee verlebte der Wunderknabe den Rest seiner Jugend und feierte mit seinen jüngeren Geschwistern Antonia und Rudolf im »Frankfurter Kindertrio« erste Erfolge. Nach dem Studium an Dr. Hochs Konservatorium war er von 1915 bis 1923 Konzertmeister am Opernhaus.

Im Inflationsjahr 1923 erhielt er zum Glück einen gut bezahlten Kompositionsauftrag des Wiener Pianisten Paul Wittgenstein, der ihm und seiner Familie über die Runden half. »Am alten Kuhhirtenturm schwebten Klavier und Harmonium, Tische und Betten an einem Flaschenzug empor, um durch die Fenster im Innern zu verschwinden«, hieß es geheimnisvoll in einem Zeitungsbericht vom Oktober 1923. In diesem Elfenbeinturm komponierte Hindemith unter anderem seine erste abendfüllende Oper »Cardillac« sowie zahlreiche kammermusikalische und konzertante Werke. Auch nach Hindemiths Umzug nach Berlin im Jahr 1927 blieb der Kuhhirtenturm, in dem Mutter und Schwester bis 1943 lebten, ein häufig genutztes Domizil für den Komponisten.

Hindemith, der Neuerer, der Mitte der 1930er Jahre sogar in der Türkei und in Ägypten die Reform der Musik vorantrieb, hatte naturgemäß ein schwieriges Verhältnis zu den Nazis, die zwar verboten, seine Musik aufzuführen, nicht aber, sie zu publizieren. Noch bis in die 40er wurden Hindemith-Werke in Mainz gedruckt, obwohl der Meister schon im Exil weilte.

Eher tragisch-zufällig verstarb er 1963 nach einer Konzertreise gerade in Frankfurt, der Stadt seiner ersten Erfolge. Die Hindemith-Begeisterung der Nachkriegszeit verebbte, als Adorno Hindemith zeimlich haltlos verdächtigte, Nazi gewesen zu sein. Heute ist Hindemith nur noch buchstäblich in der kleinsten Kammer präsent, nämlich bei der Aufführung im »kleinsten Konzertsaal der Welt«.

Adresse Hindemith-Kabinett, Große Rittergasse 118, 60594 Frankfurt am Main-Sachsenhausen | **ÖPNV** Bus 30, 36, Haltestelle Elisabethenstraße | **Öffnungszeiten** So 11–18 Uhr oder nach Vereinbarung, Tel. 069/5970362 (Hindemith-Institut) beziehungsweise Tel. 069/21233952 (Kulturamt); Eintritt 3 Euro, ermäßigt 1,50 Euro, mit »MuseumsuferCard« kostenlos | **Tipp** Ein Ausflug in die 1930er Jahre ist im neuen Sachsenhausen kein Problem: Man betrete »Charlies Bar« im Main Plaza, Walther-von-Cronberg-Platz 1, und schon ist man drin!

65 Das Nachtigallenwäldchen
Friedensreich am Hundewasser

»Es war die Nachtigall, und nicht die Lerche, die eben erst ins bange Ohr Dir sang; Sie singt des Nachts auf dem Granatbaum dort. O, glaub mir, Lieber: es war die Nachtigall!« Shakespeares Julia kann ihren Romeo nicht überzeugen – und recht hat er zu zweifeln, denn von Mitte Mai an singen nur noch unverheiratete Nachtigallenmännchen nachts, die Nachtigatten dagegen ab jetzt in der Dämmerung und tagsüber, um ihr Revier zu den Nachbargallen abzugrenzen. Da Romeo darauf beharrt, eine Lerche gehört zu haben, scheint er sich mit Vogelstimmen überhaupt schlecht auszukennen.

Der kleine, unscheinbare Vogel, den man selten zu Gesicht bekommt, hasst die Störung während seiner ein bis zwei Bruten zwischen April und Juni. Da Nachtigallen ihr Nest fast direkt am Boden im Krautsaum unter Sträuchern bauen, sind Füchse, Marder, Marderhunde, Waschbären, Katzen, vor allem aber Haushunde ihre größten Feinde. Die rückhaltlose Begradigung von Flüssen und die Beseitigung von Hecken, Feldgehölzen und Gebüschwäldern führte in den 70er und 80er Jahren zu einem drastischen Bestandsrückgang der Nachtigall in Hessen. Auch die Insektenvielfalt ging zurück – wovon sollten die Nachtigallen denn leben?

Den Bemühungen um den Grüngürtel ist es zu danken, dass sich ein spitzes Dreieck im Volkspark Niddatal dem Wunschbiotop der Nachtigallen wieder anglich, auch wenn sich nur wenige Meter entfernt die Hunde in der Nidda suhlen. Die Büsche im Nachtigallenwäldchen sind so dicht gewachsen, dass die tapsigen Vierbeiner nicht weit genug hineinkommen. Wer also wissen will, wie Luscinia megarhynchos, die Nachtigall, wirklich klingt, um sie bei Bedarf sicher von der Lerche unterscheiden zu können, der setze sich im April um 4 Uhr morgens ans Niddaufer am westlichen Ende des Nachtigallenwäldchens und lausche. Das ist auch früh genug, um vom Hundegekläff nicht gestört zu werden.

Adresse Nachtigallenwäldchen im Volkspark Niddatal, 60488 Frankfurt am Main-Praun-heim | **ÖPNV** U 1, 9, Haltestelle Niddapark; U 7, Haltestelle Hausen; Bus 72, 73, Halte-stelle Praunheimer Brücke oder Pflanzländer; anschließend per pedes immer Richtung Nidda: Das Nachtigallenwäldchen liegt in der Mitte zwischen den Ausgängen »Praunheimer Brücke« und »Römerstadt«. | **Tipp** Hinter dem Brentanobad (»Brenner« sagen die Frank-furter) beginnt der Solmspark mit dem Petrihäuschen, 1720 im Schweizer Stil errichtet. Es war Treffpunkt von Clemens Brentano, den Brüdern Grimm, Adele Schopenhauer, Marianne von Willemer und … Geedee (Goethe)!

66 Die Naxoshalle

Theater der Wirklichkeit

Gern holt er Laiendarsteller auf die Bühne – weil sie nicht form-
vollendet, sondern ungeformt sind: wie die Schauplätze, an denen
Willy Praml inszeniert, der sogar in der Tiefgarage schon ein Stück
aufgeführt hat. Seine Akteure sind keine etablierten Schauspieler,
seine Bühne ist kein etabliertes Theater. Manche seiner Stücke waren für bildungsferne Zuschauer konzipiert, er hat nie ein etabliertes Publikum anvisiert. Trotzdem inszeniert Praml in Frankfurt deutsche Klassiker. Anlässlich der 1.200-Jahr-Feier der Stadt Frankfurt
führte er in der Paulskirche Goethes »Faust«, Teil eins und zwei auf.
Außer den Ensembleschauspielern seines Theaters Willy Praml
spielten 250 Bürger der Stadt mit. Auch in »Lolita Park« (nach Vla-
dimir Nabokov) und in »Liebesbriefe an Hitler« spielten Laiendarsteller zusammen mit Schauspielern des TWP.

Sein Leben lang hat Praml mit Jugendlichen zusammengearbei-
tet und wurde für seine außergewöhnlichen Leistungen mit dem
Brüder-Grimm-Preis ausgezeichnet. Aus seiner Mitarbeit an der
ehemaligen Jugendbildungsstätte Dietzenbach sowie dem Wann-
seeheim für Jugendarbeit in Berlin entwickelte der spätere Professor
für Theater- und Kulturarbeit sein praxisnahes Modell zur Theater-
arbeit mit Laiendarstellern. Die Stadt Frankfurt ehrte ihn 2011 mit
dem Binding-Kulturpreis.

Seit 2000 ist die Arbeit des Theatermachers in der denkmalgeschützten historischen Naxos-Werkhalle aus dem 19. Jahrhundert
im Stadtteil Ostend zu sehen. Unternehmer Julius Pfungst begrün-
dete hier die Firma Naxos-Union, die Schleifmaschinen und Schmir-
gelpapier herstellte. Den Schmirgel bezog Pfungst von der Insel Na-
xos. Nach dem Tod des Firmengründers übernahm Marie Eleonore
Pfungst die Unternehmensleitung. Sie wurde 1942 nach Theresien-
stadt deportiert, wo sie verstarb. Von 1942 bis 1944 mussten über
700 Menschen in der Naxos-Union Zwangsarbeit leisten. Nach dem
Ende des Krieges wurde das Unternehmen weltführend.

Adresse TWP (Theater Willy Praml), Wittelsbacherallee 29, 60316 Frankfurt am Main-Ostend | **ÖPNV** Tram 14, Haltestelle Waldschmidtstraße | **Tipp** 300 Meter von der Naxoshalle entfernt, im Künstlerhaus Mousonturm in der Waldschmidtstraße 4, wird Tanzperformance und Modernes Theater geboten.

67 Der Naziadler

Voltairegefängnis, ariergerecht überbaut

Voltaire, nach Clinch mit Preußenkönig Friedrich am 31. Mai 1753 aus Berlin kommend, steigt im Frankfurter Fünf-Sterne-Gasthof »Zum Goldenen Löwen« in der Fahrgasse ab und wird vom preußischen Residenten in Frankfurt unter Arrest gestellt. Friedrich II. fordert alle Briefe zurück, die er Voltaire geschrieben, alle Schriftstücke und Bücher, die er ihm geschenkt hat – darunter auch den auf zwölf Exemplare limitierten Privatdruck seiner »L'Œuvre de Poésie«, in dem sich Invektiven (beleidigende Äußerungen) auf alle europäischen Königshäuser finden.

Drei Wochen dauert es, bis Voltaires Bagage restlos in Frankfurt angekommen, durchsucht und das Geforderte beschlagnahmt ist. Die Rücksprache mit Potsdam auf dem Postwege und der Befehl zum Passierenlassen lassen noch einmal zwei Wochen auf sich warten. Der arretierte Voltaire vegetiert zwischenzeitlich in einem üblen Loch namens »Bockshorn«, da er mit seinem Sekretär Collini erfolglos zu fliehen versucht hatte. Dass er am Tage seiner Freisetzung, am 6. Juli, noch einen Gesandtschaftssekretär mit der Pistole bedroht, kostet zum Glück nur eine Geldstrafe. Er hat Frankfurt später begreiflicherweise nie mehr besucht.

Heute ist von der alten Fahrgasse fast nichts übrig. Das steinerne Wirtshausschild des 1937 abgerissenen »Goldenen Löwen«, der damals schon »Württemberger Hof« hieß, wurde in die neue Naziblockbebauung integriert, die im Zuge der »Altstadtgesundung« rechtzeitig zur »Deutschen Bau- und Siedlungsausstellung« 1938 fertiggestellt werden konnte.

Der brachialen Säuberung der Altstadt von »asozialen Elendsquartieren« – in Wahrheit: der Beseitigung traditioneller Arbeiterwohnungen zugunsten eines ideologisch gewünschten Handwerkerviertels – fielen der Hainer Hof, eine Domäne des Klosters Haina, und die umliegende Bebauung zum Opfer. Der erwähnte NS-Block, heutige Fahrgasse 28, hat die Bombennächte überstanden.

1938

Adresse Fahrgasse 28, 60311 Frankfurt am Main | ÖPNV Tram 11, 12, 18, Bus 30, 36, Haltestelle Börneplatz | Tipp Im starren Blick des Adlers steht eine Postreiterskulptur von 1954; ihr Schöpfer hieß Albrecht Glenz. Sie erinnert an die Zeit, als der Hainer Hof eine Landgräflich Hessische Poststation war.

68 Der Nemeische Löwe

Schlappes an Marmor

Nein, es kann nicht der Hessenlöwe sein, der da über den Rand des Würfels hängt! Truppen des Landgrafen von Hessen-Kassel hatten schließlich am 2. Dezember 1792 unter preußischem Oberkommando das von französischen Koalitionstruppen besetzte Frankfurt unter großen Verlusten gewaltsam befreit. Die meisten hessischen Soldaten starben beim Sturm auf das Friedberger Tor, wo der preußische König Friedrich Wilhelm II., auch der »dicke Willem« genannt, allen 55 im darauffolgenden Jahr ein eindrucksvolles Denkmal errichten ließ.

Architekt Carl Gotthardt Langhans bediente sich – zu Zeiten der deutschen Hochklassik nahezu die einzige Ausdrucksmöglichkeit – der griechischen Mythologie, um an die Helden zu erinnern, die ihr Leben für die Freiheit gegeben hatten. Als Symbole der Angreifer sieht man den Widderkopf am Sturmbock, das Schild und den Helm. Die Keule und der schlappe Löwe jedoch deuten auf eine der zwölf schier unlösbaren Aufgaben des von Göttin Hera gepeinigten Herkules. Der als unverwundbar geltende Nemeische Löwe (= die französische Revolutionsarmee) wurde von Herkules (= der hessischen Armee) unter Einsatz des Lebens erwürgt. Die Pfeile hatten nichts genützt, die Keule hatte nichts bewirkt. Erst die bloßen Hände und die Bärenkraft waren der Bestie zum Verhängnis geworden. Mit ihren eigenen Klauen nur konnte der Gigant den Nemeischen Löwen abhäuten. Dessen abgezogener Balg samt Kopf sind es somit, die in Dalí-Manier über den Sockelrand fließen.

Die Französische Revolution, Ursprung allen Übels der Franzosenkriege, hat am Denkmal zumindest eine demokratische Spur hinterlassen: Im Gegensatz zum früheren soldatischen Gedenken, das ausschließlich den getöteten Offizieren galt, finden sich am Hessendenkmal die Namen sämtlicher toter Krieger. Ehre ihrem Angedenken! Goethe übrigens war zur Zeit ihres Todes als Schlachtentourist mit dem Herzog von Weimar in Frankreich unterwegs.

FRIED·WILH·II·KOENIG·VON·PREVSSEN·
DEN·EDLEN·HESSEN·
DIE·
IM·KAMPF·FÜR'S·VATERLAND·
HIER·
SIEGEND·FIELEN·

Adresse Friedberger Landstraße, Mercatorstraße, 60316 Frankfurt am Main-Innenstadt | **ÖPNV** S 1–6, 8, 9, U 4–7, Haltestelle Konstablerwache; Bus 30, Tram 12, 18, Haltestelle Hessendenkmal | **Tipp** Gegenüber erstreckt sich der Bethmannpark, wo man als Kontrast zum erinnerten Kriegsgeschehen den chinesischen »Garten des Himmlischen Friedens« genießen kann.

69__Der Neue Börneplatz

Last exit Gedenkstätte

Für die Stadt ohne Gedächtnis, in der normalerweise Abrissbirne, Dynamit und Betonmischmaschine regieren, war es ein Segen, dass Walter Wallmann von 1977 bis 1986 Oberbürgermeister war – ohne sein Wirken würde vieles von dem fehlen, was heute Frankfurts Flair ausmacht. Keine Alte Oper, kein Museumsufer, keine Römerbergzeile und auch keine Gedenkstätte für die Verbrechen der Frankfurter an ihren jüdischen Mitbürgern – mithin kein Ansatz zur Aussöhnung.

Wallmann war es, der in letzter Minute im Bebauungsentwurf für den Börneplatz noch Platz für eine Gedenkstätte fand. Gewinnträchtige Wohnhäuser wurden gestrichen. Wo nur eine Gedenktafel für die zerstörte Synagoge vorgesehen war, entstand 1996 die komplexe und weiträumige »Gedenkstätte am Neuen Börneplatz für die von Nationalsozialisten vernichtete dritte jüdische Gemeinde in Frankfurt am Main«. Das Mahnmal erinnert darüber hinaus an die Diskriminierung und Ghettoisierung der Frankfurter Juden seit 1462.

»Neu-Ägypten« hieß das Ghetto Judengasse bei den dort Zusammengesperrten. Die 330 Meter lange und drei Meter breite Gasse, in der zeitweilig gut 3.500 Menschen lebten, war eine Stätte der Not, sie galt aber auch als geistiges Zentrum des westeuropäischen Judentums. Seit 1978 heißt der Platz wieder nach dem 1786 in der Judengasse geborenen Ludwig Börne, der die Behandlung der Juden in Frankfurt »einen Roman der Bosheit« genannt hatte. Von vormals 30.000 Frankfurter Juden lebten Ende des Dritten Reiches nur noch dreißig in der Stadt. Die kubische Steinansammlung im Zentrum eines Hains besteht aus Steinen der alten Judengasse, die schon im 19. Jahrhundert abgerissen worden war, als das Ghetto aufgelöst wurde.

Rund um den jüdischen Friedhof sind fast 12.000 Namenssteine für verschleppte und ermordete Frankfurter Juden angebracht. An die 1938 niedergebrannte Synagoge, zu sehen auf einem bekannten Bild Max Beckmanns, erinnern eine Teilgrundrisslinie und ein Gedenkstein.

Adresse Börneplatz (zwischen Rechneigrabenstraße und Battonnstraße), 60311 Frankfurt am Main-Innenstadt | **ÖPNV** Tram 11, 12, 18, Bus 30, 36, Haltestelle Börneplatz; Tram 11, 18, Haltestelle Börneplatz/Stoltzestraße | **Tipp** Die Geschichte der Frankfurter Juden ist umfassend dokumentiert im Jüdischen Museum, Untermainkai 14/15. Im Museum Judengasse, Kurt-Schumacher-Straße/Ecke Battonnstraße, sind Fundamentreste der Judengasse zu sehen.

70 Der Paradiesgarten

Einmal Justinus, immer Justinus

Karl der Große war in den Herzen seiner Untertanen noch lebendig, als der Mainzer Erzbischof Otgar den »heiligen Leib« des Bekenners Justinus aus Rom nach Deutschland holte und ihm in Höchst eine Kirche errichten ließ. Wann genau das war, weiß man charmanterweise nicht. Die Justinuskirche ist dennoch unumstritten Frankfurts ältestes Gebäude und eine der wenigen karolingischen Kirchen in Deutschland, die über die Jahrtausende bei konstanten 8,5 Grad Celsius nie Beruf und Namen gewechselt hat. Wahrscheinlich ist es diese Kühlschranktemperatur, die dem christlichen Glauben so viel Bestand verlieh.

1024 war sogar Godehard von Hildesheim, später auch heiliggesprochen, zu Gast: während der Synode aller dem Bistum Mainz unterstellten Suffraganbistümer. 1090 kam die Kirche als Priorat und Pfarre an die Benediktinermönche von Sankt Alban. Nachdem die Mainzer 1298 die heiligen Justinusknochen in ihren Dom heimholten, wurde Margarethe als Ersatzheilige eingesetzt, doch der angestammte Kirchenname blieb, auch wenn die Kirche heute zur Gemeinde Sankt Josef gehört. Selbst den Antonitern, Krankenpflegemönchen aus dem Hanauischen, gelang es zwischen 1441 und 1801 nicht, aus der Justinus- eine Antonkirche zu machen.

Wer sich heute nicht hierher verirrt, sondern absichtlich kommt, der tut dies oft gar nicht wegen der Heiligen, sondern wegen der sommers üppig blühenden Natur zwischen Kirche und Bruchsteinmauer hoch überm Maintal. 1983 formierte sich eine Stiftergemeinschaft, die sich sowohl um den Erhalt der Kirche als auch um den Mauerturm des Antoniterklosters kümmert. Obstbäume, Heilpflanzen und Küchenkräuter, blühende Topinambur und jede Menge frische Luft. Es ist, als ob die alte Kirche sich hier einen Rest Mittelalter bewahrte. Wenn man mit diesem Paradies im Kopf die Kirche betritt, könnte man meinen, irgendwo anders im weiten karolingischen Reich zu sein, vielleicht in Verona oder Brescia …

Adresse Justinusplatz 2–4, 65929 Frankfurt am Main-Höchst | **ÖPNV** S 1, 2, Haltestelle Höchst; Tram 11, Haltestelle Zuckschwerdtstraße oder Bolongaropalast | **Öffnungszeiten** (Justinuskirche und Justinusgarten) April–Okt. Di–So 14–17 Uhr, Nov.–März Sa, So 14–16 Uhr | **Tipp** Von der Kirchenmauer aus sieht man unten die Mainfähre, drüben liegt Schwanheim. Dort lohnt unbedingt ein Besuch des 500-jährigen Hutewaldes »Schwanheimer Alteichen«, der ein beliebtes Motiv der »Kronberger Malerkolonie« um 1900 war. Tram 12 bis Haltestelle Ferdinand-Dirichs-Weg oder Hartweg.

71 Der Paternoster

Frankfurts fliegende Schränke

Mit trügerischer Gemächlichkeit nähert sich die Kabine der nächsten Etage. Kinderkram, da rechtzeitig rauszukommen. Denkste, schon vorbei. Dabei sind Paternoster längst nicht so schnell wie Fahrstühle. Nur etwa einen Viertelmeter ruckeln die Trageseile pro Sekunde weiter. Zeit genug, sich in Ruhe Gedanken darüber zu machen, was in der Dunkelheit über der obersten Etage passiert, wenn man in der Kabine bleibt. Wird man über knarrende Seilwinden geschleift wie Graf Dracula im Sarg? Ragen die Zehen kopfüber in die Luft, wenn es zurückgeht? Schrecklicher Gedanke. Da wird schon mal göttlicher Beistand erfleht. Verdankt sich der Name »Paternoster« (lateinisch für Vaterunser) den inbrünstigen Stoßgebeten retardierender Fahrgäste?

Am oberen und unteren Wendepunkt vom einen Schacht werden die Kabinen über Drehscheiben in den anderen Schacht umgeleitet und fahren senkrecht weiter. Der endlose Kreislauf wie Perlen an einer Schnur aufgereihter Kabinen ähnelt entfernt einer katholischen Gebetskette, deshalb Paternoster. Mit der »Unterweisung für die Nutzung der Paternoster im IG-Farben-Haus« schaffte der betagte Personen-Umlaufaufzug der Goethe-Universität kürzlich den Sprung in die Schlagzeilen. Hintergrund war ein Betriebsunfall, verursacht durch das Mitführen einer Leiter. Danach waren Leitern im Paternoster verboten. Hunde auch. Mit vorauseilender Phantasie wurden Szenarien durchgespielt und gesetzlich geregelt. Für Bücherwagen galt ab sofort striktes Einfahrverbot im Uni-Paternoster. Ebenso für Fahrräder, Langlaufskier, Gabelstapler und so weiter. Ihre Rucksäcke müssen die angehenden Akademiker abnehmen, um beim Einstieg nicht an der Deckenwand hängenzubleiben.

Liebhaber der himmlischen Kabinenkette verhinderten die Stilllegung. Mag das Unfallrisiko in Paternostern auch dreißigmal höher sein als in Fahrstühlen, ihre besänftigende Wirkung auf Klaustrophobiker ist unbestritten. Für alle anderen gilt: No risk, no fun.

Adresse IG-Farben-Haus, Grüneburgweg 1, 60323 Frankfurt am Main-Westend | **ÖPNV** Bus 36, Haltestelle Uni Campus Westend | **Öffnungszeiten** Mo–Fr 8–22 Uhr, Sa 10–18 Uhr | **Tipp** Ein Cafébesuch in der berühmten Rotunde des IG-Farben-Hauses lässt jedem Freund der 20er und 30er des 20. Jahrhunderts das Herz höherschlagen.

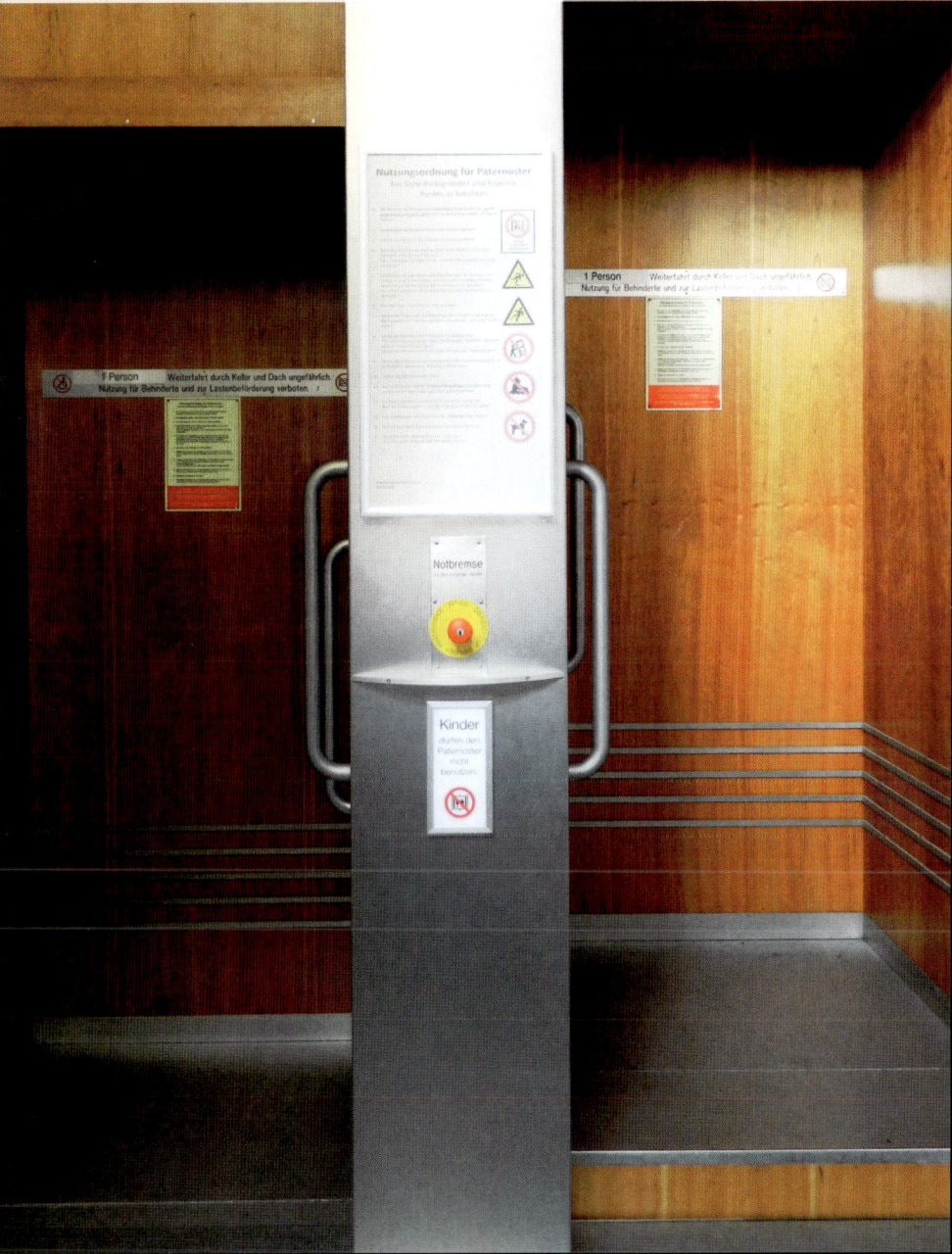

72 Das Paulinchengrab

Hier ruht die süße Pyromanin

Ein braves Mädchen hätte die kleine Minz und den kleinen Maunz gestreichelt und Tonleitern auf dem Klavier geübt, bis die lieben Eltern heimkommen. Doch das Mädchen im grünen Kleid war unartig. Berauscht von den zischenden Flämmchen in seiner Hand, hat es Mutters Streichhölzer verzundelt, bis es im Feuer den Tod fand. Umsonst lässt Dichter Dr. Heinrich Hoffmann im »Struwwelpeter« die verängstigten Katzen miauen: »Miau! Mio! Miau! Mio! Laß stehn! Sonst brennst du lichterloh!«

Kurz nach Gründung der ersten Frankfurter Kinderläden erschien 1970 der »Anti-Struwwelpeter« von F. K. Waechter. Unter seiner Feder lässt Pauline Mamas Zippo-Feuerzeug zugunsten dreier Nachbarkinder mit Migrationshintergrund links liegen: »Paulinchen war allein zu Haus, die Eltern waren beide aus. Da sah sie plötzlich vor sich steh'n, drei Mohren, freundlich anzusehn.« Wieder machen die Katzen Theater und schreien: »Mio! Miau! Mio! Miau! Niemals einem Mohren trau!« Die drei schwarzen Jungen rufen: »Ach, wär'n wir doch so weiß wie du, dann könnten wir wohl immerzu mit dir zusammen spielen auf Teppich, Bett und Stühlen.« Damals steckte die Rassismuskritik offensichtlich noch in den Kinderschuhen. So steckt Paulinchens Vater seine Tochter zur Strafe ins Tintenfass »bis an die Ohren, dass sie so schwarz wird wie die Mohren«, doch Paulinchen feixt, »weil ich jetzt wie die Mohren bin, lauf ich zu meinen Freunden hin« und haut von zu Hause ab.

Die historische Pauline Schmidt wurde am 27. Dezember 1840 als Tochter einer Frankfurter Arztfamilie geboren. Von einer besonderen Vorliebe des Mädchens für Streichhölzer ist nichts überliefert. Pauline Schmidt ist tatsächlich sehr jung gestorben, doch kam sie nicht in einem Feuer ums Leben, sondern starb am 18. Juni 1856 mit 16 Jahren an Typhus. Dr. Heinrich Hoffmann, Psychiater und Kinderarzt, setzte der Tochter seines Arztfreundes im »Struwwelpeter« ein Denkmal.

PAULINE SCHMIDT
GEB. D. 27. DEC. 1840
GEST. D. 18. JUNI 1856

Adresse Hauptfriedhof, Eckenheimer Landstraße 194, 60320 Frankfurt am Main-Nordend,
Gewann C, Grabnummer 148 | **ÖPNV** U 5, Haltestelle Hauptfriedhof | **Öffnungszeiten**
Mo–Fr ab 7 Uhr, So und Feiertage ab 9 Uhr, Schließzeit Nov.–Feb. um 17 Uhr, März und
Okt. um 18 Uhr, April und Sept. um 20 Uhr, Mai–Aug. um 21 Uhr | **Tipp** Kinderarzt
Dr. Heinrich Hoffmann ist auf dem Gewann »An der Mauer« 541 bestattet. Weniger bekannt ist, dass der berühmte Zappelphilipp aus seinem »Struwwelpeter«, Dr. Philipp Julius
von Fabricius (1839–1911), ein früher Fall der Aufmerksamkeitsdefizit-/Hyperaktivitäts-
störung (ADHS), ebenfalls hier ruht. Auf seinem Grab in der Nähe des Alten Portals an
der Eckenheimer Landstraße, Gewann F XXII, steht ein großes weißes Marmorkreuz.

73 Der Pilgerpfad

»Ultreia!« (Pilgergruß)

»El camino comienza en su casa.« (spanisch für »Der Weg beginnt in Ihrem Haus.«) Muss man an Gott glauben, um zu pilgern? Muss man nicht. Können auch Leute pilgern, die nie in die Kirche gehen? Natürlich, außerdem kommt man unterwegs an genügend Kirchen vorbei, um doch mal einen Besuch zu wagen. Warum pilgert man überhaupt? Weil man beim Pilgern jemanden kennenlernt, mit dem man Tag und Nacht zusammen ist und für den man nie genug Zeit hat: sich selbst.

In alter Zeit nutzten die Pilger die großen europäischen Handelsrouten, um sich auf den Weg nach Spanien zum Grab des heiligen Jakobus im Dom von Santiago de Compostela zu machen. Viele der damaligen Handelsstraßen werden heute noch genutzt – inzwischen wurden sie asphaltiert und werden mit bis zu 130 Stundenkilometern befahren. Pilgern neben der Autobahn verbietet der Gesetzgeber, allzu leicht führt der Weg sonst direkt in den Himmel. Als der Europäische Rat 1987 dazu aufrief, das jahrhundertealte europaweite Wegenetz des Jakobsweges wieder bekannt zu machen, wurden deshalb Wanderwege genutzt, um die historischen Wegetappen miteinander zu verbinden. Seitdem gibt es auf den deutschen Jakobswegen märchenhaft abseitig gelegene Pfade mitten in der Natur.

Die historische Route führt von Leipzig und Fulda über Gelnhausen nach Frankfurt am Main. Dank des Engagements deutscher Pilgerfreunde ist die gut 40 Kilometer lange Strecke zwischen Frankfurt und Mainz inzwischen mit der traditionellen Jakobsmuschel – gelb auf blauem Grund – ausgeschildert. Aus Bergen-Enkheim kommend führt der Weg bald durch eine Straße namens »Wallfahrtsweg«, geht weiter durch Seckbach und südwärts zum Mainufer. Hinter der Stadtgrenze verläuft der Jakobsweg durch den Hattersheimer Stadtteil Okriftel, bis nach circa 30 Kilometern in Mainufernähe die Landesgrenze zu Rheinland-Pfalz erreicht ist. Von Mainz geht es auf dem Ausoniusweg, der historischen Römerstraße, weiter nach Trier. Bon Camino!

Adresse Klingenweg/Ecke Kirchgasse, 60389 Frankfurt am Main-Seckbach | **ÖPNV** U 4, Haltestelle Seckbacher Landstraße; Bus 43, Haltestelle Budge-Heim/Lohrberg | Kostenloser Download des GPS-Tracks unter www.deutsche-jakobswege.de/fulda-mainz.html, Informationen zu Pilgerpässen und anderen Belangen unter www.deutsche-jakobswege.de/index.html | **Tipp** Dort, wo sich der Klingenweg am Hang teilt, fließt ein Bächlein, in dessen klarem Wasser sich Pilger die Füße erfrischen können. Auf einer Steinstufe kann man sich in Ruhe dazu hinzusetzen.

74_ Der Pinkelbaum
Ich gieß mich selbst

Überall im Grüngürtel sind Frischluftfanatiker im Alter von fünf bis 99 Jahren kichernd, giggelnd und prustend auf den Spuren von F. K. Waechter unterwegs. Insgesamt zwanzig Entwürfe steuerte der 2005 verstorbene Satiriker für das Projekt »Komische Kunst im Grüngürtel« bei. Manche sind schaurig-bizarr, wie der »Struwwelpeterbaum« auf den Schwanheimer Wiesen. Die uralte Weide mit ihrem Gewirr aus verhedderten Zweigen sieht tatsächlich aus, als hätte sie sich jahrzehntelang nicht gekämmt. Nachts glühen zwei Augen aus dem Baum und leuchten gespenstisch durch die Dunkelheit.

Waechters »Monsterkinder« sind kaum weniger unheimlich. Die drei riesengroßen Eicheln liegen unter einer Kastanie im Schwanheimer Wald wie Gregor Samsa als Drillinge. Wer mag, darf sich drauf ausruhen, hat der Künstler angeregt. Andere Exponate der Dauerfreiluftausstellung haben die Wipfel gestürmt. Nicht weit vom Stadtwaldhaus an der Kuhpfadschneise turnen hoch über dem Betrachter der »König der Eichhörnchen« und seine Untertanen durch die Lüfte. Hoch oben in einem Baum hockt Waechters »Eule im Norwegerpullover«.

Central Park hin, Englischer Garten her, weltweit einzigartig und nur im Frankfurter Grüngürtel zu bestaunen ist der Pinkelbaum am Jacobiweiher. F. K. Waechter hat ihn zu seinem Favoriten erklärt. Leicht passiert es, dass man dran vorbeiläuft, denn der Pinkelbaum wünscht keinen Nahkontakt. Wer seine Intimsphäre nicht respektiert, kann auch gleich was erleben: Attacke! Aus einem schmalen Rohr am Stamm, einem unschuldigen Zweiglein täuschend echt nachempfunden, sprudelt es. Baumpisse. »Seit 300 Jahren pisst man mich an. Ab heute piss ich zurück«, steht auf einem Schild. Das ist ja ein Wort, das man in der Öffentlichkeit eigentlich lieber nicht aussprechen sollte. Aber was auf Schildern steht, darf man vorlesen, da kann keiner was dagegen sagen. Waechter hatte ein Faible für antiautoritäre Fünfjährige. Weil er wusste, dass in jedem von uns einer steckt.

Adresse Jacobiweiher, 60598 Frankfurt am Main-Sachsenhausen | **ÖPNV** Tram 14, Halte-stelle Oberschweinstiege, dann circa zehn Minuten Fußweg bis zum Weiher, dort dem Weg folgen, der zwischen Gaststätte und Weiher verläuft | **Pinkelzeiten** Während der Wintermonate ist der Pinkelbaum wegen Vereisungsgefahr abgeschaltet. | **Tipp** Nahe Zeppelinheim liegen alte Steine der zerbombten Frankfurter Altstadt, unter anderem die Reste des »Darmstädter Hofes«.

75__Der Porzellanladen
Schluss mit Ente und Hahn

Wer kennt nicht den alten, billigen Trick: »Schön aufessen, bis der Eisenbahnwagen kommt – bis die Ente kommt – bis der Hahn kräht!« Dazu dann ein spießig grünbraunes Steingutellerchen, von verzweifelten Kinderlöffeln zerkratzt. Mit der Edition Struwwelpeter der Höchster Porzellan-Manufaktur wäre das viel unterhaltsamer gewesen: Das Kinder-Horror-Buch des Frankfurter Irrenarztes hätte beim Leerkratzen des Tellers viel mehr Anreiz geboten. Dabei ist das traditionsreiche Höchster Porzellan gegen schwache Händchen viel resistenter.

Erwachsene können auch etwas vom Teller lernen. So präsentiert die Goethe-Edition in formschönen Kaffeebechern als Bürotassen das Motiv »Goethe bunt« in blau oder gelb oder macht selbst die allwissenden Manager noch mit Goethes Farbenlehre bekannt. Auch sein »Ginkgo biloba«-Gedicht gibt's bei der HPM auf Porzellan sowie natürlich kluge Sprüche.

Wo seit 1746 Höchster Spitzen-Porzellan entsteht – etwas irritierend unter dem »Mainzer Rad«, da der dortige Bischof das Privileg erteilte –, kann der heutige Porzellanenthusiast sogar selbst kreativ werden. In der »Erlebnismanufaktur« darf er sich sein eigenes Dekor zusammenstellen und im Rahmen einer Führung *manum affere* (Hand anlegen).

Im Neuen Porzellanhof, einem Industriedenkmal von 1906, befindet sich neben der Manufaktur auch der Direktverkauf, wo man sich alles ansehen kann, bevor man sein Geld in das weiße Gold investiert. Die Reihe mit Frankfurter Motiven, geschaffen von Fotokünstler Gernot C. Wohl, zeigt Frankfurter Stadtansichten mit einer ganz besonderen Farbtechnik. Ach ja – und wenn es noch Relikte gibt vom letzten Familienkrach: eine Tasse mit abgebrochenem Henkel, eine Figur mit abgeschlagenem Arm, ein Teller mit Sprung, eine Schale in zwei Teilen: einfach mitbringen und in die Porzellanklinik einweisen lassen.

Was immer du tun kannst oder wovon du träumst, fange es an. In der Kühnheit liegt Genie, Macht und Magie. **GOETHE**

Adresse Höchster Porzellan-Manufaktur GmbH, Palleskestraße 32, 65929 Frankfurt-Höchst | **ÖPNV** Tram 11, Bus 50, 51, 53–55, 59, Haltestelle Zuckschwerdt-/Bauhofstraße | **Öffnungszeiten** (Ladengeschäft) Mo–Fr 9.30–17 Uhr; Anmeldung für Erlebnismanufaktur und Gruppenführungen im Laden oder unter Tel. 069/3009020 | **Tipp** Im barocken Bolongaropalast und im Bolongaropark am fast mediterranen Mainufer kann man weiter vom eigenen Porzellan träumen. Auch in der etwas weiter entfernten Nizza-Anlage am gleichen Main ist Italien ganz nah.

76__ Des Pudels Kern

Der eigentliche Mittelpunkt von Europa

Der Philosoph Arthur Schopenhauer lebte annähernd 30 Jahre in Frankfurt am Main, das er – 1831 vor der Cholera aus Berlin fliehend – mit Bedacht ausgewählt und gegen Mannheim abgewogen hatte.

Nach einem Probejahr in beiden Städten siegte Frankfurt, das er einmal als »den eigentlichen Mittelpunkt von Europa« bezeichnete. Das war es freilich für ihn, weil er sich 1833 dort niederließ. Es war »cholerafest«, hatte ein »gesundes Klima«, ein »besseres Lesezimmer«, das »Naturhistorische Museum«, »mehr Engländer«, »bessere Kaffeehäuser«, »kein schlechtes Wasser«, »die Senckenbergische Bibliothek« und »keine Überschwemmungen«.

Der Einsiedler, nur mit seinen Studien und Arbeiten beschäftigt, den künftigen Weltruhm schon erschnuppernd, spazierte täglich gestikulierend neben seinem Pudel Atman über den Röderberg und schickte seinen Begleiter sogar auf Einkaufstour zu Bäckereien und Metzgereien. Des Pudels Name war Atman, nach dem Sanskrit-Wort für »Lebenshauch, Atem«. Wenn der Pudel starb, was etwa alle zehn Jahre vorkam, erwarb Schopenhauer jeweils einen neuen, dem alten ähnlichen. Jeder Hund, so der Philosoph, enthielt gleichzeitig jeden anderen Hund. »Des Pudels Kern« (Goethe) ging also nie verloren. Bei Menschen gilt in etwa das Gleiche.

Ein halbes Dutzend Mal hat Schopenhauer die Bleibe im Stadtgebiet gewechselt, meist nach Querelen mit Nachbarn oder Vermietern. Erst mit 55 Jahren bezog der Philosoph an der Schönen Aussicht 17 eine eigene Wohnung. Als der Hausbesitzer ihm vorwarf, im Haus fremde Hunde zu füttern, zog er in die Nummer 16. Heute ist von Herrchens und Pudels Lebensraum nichts Originales mehr vorhanden. Das Schopenhauer- und Atman-Viertel kann nur noch im Altstadtmodell der Treunerbrüder im Historischen Museum bestaunt werden. In der Schönen Aussicht 9 kam übrigens später Theodor W. Adorno auf die Welt.

Adresse Schöne Aussicht, 60311 Frankfurt am Main-Innenstadt | **ÖPNV** Tram 11, 12, 18, Bus 30, 36, Haltestelle Börneplatz; von dort Bus 30, 36, Haltestelle Schöne Aussicht | **Tipp** Mittwochs von 10.30 bis 17 Uhr sind im Schopenhauer-Archiv, Bockenheimer Landstraße 102, 60325 Frankfurt am Main-Westend, Möbel, Büsten, Bücher und Bilder Schopenhauers zu sehen.

77_Das Relikt

Das Wahrscheinlichste akzeptieren

Da steht es nun in der Bibliothek der Gesellschaftswissenschaften: das Relikt aus einer anderen Zeit, in die Lobby des Raumschiffes Campus Westend gebeamt. Die rohen Quarzitsteine kontrastieren seltsam mit den High-Tech-Bildschirmen im Bibliotheksraum. Was soll das hier, wie kam es her?

Als man bei den Bauvorarbeiten für die Bibliothek 2008 auf alte Steine stieß, hegte man große Hoffnungen. Das Denkmalamt der Stadt Frankfurt wollte partout einen Landwehrturm aus dem 13. oder 14. Jahrhundert gefunden haben! Mit weiteren Spekulationen wurde das Ding umwoben, weil auch im biedersten Amtsträger der Romantiker steckt. Der Wehrturm bekam ein »zweites Leben« als Windmühle, ein drittes als Eiskeller und ein viertes als Relikt in der zu bauenden Bibliothek. Doch an einer Uni bleibt ein solches Ergebnis nicht lange unumstritten. Da gibt es Menschen, die sich mit alten Karten und schriftlichen Quellen auskennen, die sich beruflich mit dem Eiskellerbau in England befasst haben und die nicht müde werden, die Bauakten der berühmten Irrenanstalt des Struwwelpeter-Hoffmanns nach Belegen für ihre Thesen zu durchsuchen.

Kurzgefasst: Da es auf den detaillierten Landkarten aus der Zeit vor dem Hoffmann'schen »Irrenschloss« keinen Turm an dieser Stelle zu sehen gibt, da die Angaben über einen Eiskeller auf dem Anstaltsgelände mit dem baulichen Befund übereinstimmen und da schließlich das »Relikt« genau dem anderswo beobachteten Typus »Eiskeller« entspricht: mit Zugangsmauern, konischer Verjüngung, Holzgerüst, Ablauffrost und Ablaufrinne, so ist es wahrscheinlich ein Eiskeller, nicht mehr, aber auch nicht weniger. Dies wird kein Gegengutachten leicht entkräften können. Hallo also, alter Irren-Eiskeller – jetzt kannst du hier stehen, bis zum dritten »Leben« nach deiner Zeit als Relikt in der Bibliothek … Einen gut erhaltenen Frankfurter Eiskeller kann man übrigens neben der Villa Meister in Sindlingen betreten.

Adresse Bibliothek Sozialwissenschaften und Psychologie (BSP), Grüneburgplatz 1, 60323 Frankfurt am Main-Westend | **ÖPNV** U 1–3, 8, Haltestelle Holzhausenstraße; Bus 36, Haltestelle Uni Campus Westend; Bus 75, Haltestelle Bremer Straße und Lübecker Straße | **Öffnungszeiten** Mo–Fr 8–22 Uhr, Sa 10–18 Uhr; Besucher werden gebeten, Mäntel und Taschen einzuschließen und sich in der Bibliothek ruhig zu verhalten | **Tipp** Das Treppenhaus im neuen Hörsaalgebäude ist ein Augenschmaus für Architekturfans.

78__Die Romanfabrik

Auf Rotlicht gebaut

Dieter Engel, gelernter Fliesenleger, begann 1965 in seiner Geburtsstadt Köln mit der ersten Sauna für Mann *und* Frau, die nach acht Monaten vom Staatsanwalt geschlossen wurde. Engel zog flugs ins als freier verschriene Frankfurt. In der Oskar-von-Miller-Straße machte er im April 1971 die »Oase Sudfass Sauna« auf, die so florierte, dass die Freier am Hinterhofeingang Schlange standen. »Herbergsvater« Engel (wie er sich selbst sah) legte viel Wert darauf, seine »Mädsche« gut zu behandeln und ihnen den Großteil ihres sauer verdienten Geldes zu lassen. Sein segensreiches Wirken in Frankfurt dehnte sich bald auf andere Felder aus.

Der Kunstkenner und Literaturgenießer hatte seit je ein Faible für Werke, in denen es um Sex geht. Aufmerksam geworden auf Peter Zingler, der aus dem Knast heraus erregende Geschichten für die großen sogenannten Herrenmagazine der 80er schrieb, richtete Engel diesem eine Kellerbar in der Uhlandstraße ein. Hier kam Doris Lerche und Peter Zingler 1985 die Idee der »Romanfabrik«. Engel stiftete den »Fabrikschreiberpreis« dazu, und Herbert Heckmann, seinerzeit Präsident der Deutschen Akademie für Sprache und Dichtung, gab als Juror dem Projekt den professoralen Segen. Nach selbstausbeuterischen Anfängen wurde ein förderungswürdiger und von der Stadt hochgelobter Verein daraus. Der Kontakt zu Großinvestor Ardi Goldman ebnete der Romanfabrik den Weg auf das Gelände der ehemaligen Frankfurter Brauhaus Union an der Hanauer Landstraße, wo die gemischtgeschlechtliche Romanfabrik heute so aufrecht und solitär steht wie kein anderes Literaturkombinat der Republik. Das legendäre Engel'sche »Sudfass« dagegen ist längst Geschichte.

In der einstigen Romanfabrik betreibt Engel seit 1999 die »Venusbergbar«. Der Besuch des liebevoll eingerichteten Kellers von 1875 ist so anregend wie ungefährlich. »Die Kunst ist eine Vermittlerin des Unaussprechlichen«, wie schon Goethe gesagt hat.

Adresse Romanfabrik e. V., Hanauer Landstraße 186, 60314 Frankfurt am Main-Ostend | **ÖPNV** Tram 11, Haltestelle Schwedlerstraße | **Tipp** In der neuen Ostendwerft-parkzeile kann man nach was auch immer im »Oosten« ganz gepflegt entspannen: www.oosten-frankfurt.de. Ruhiger Mainblick, schmackhaftes Essen.

79__Der Sauersprudel
Fauler Traum vom Weltruhm

Wer Frankfurts Quellenreichtum nicht kennt, läuft Gefahr, einen Vormittag zu verschwenden bei der Suche nach *dem* Faulbrunnen. Denn es gibt ganz offensichtlich mindestens zwei. In der kleinen Straße »Am Faulbrunnen« will er sich nicht jedem zeigen. Man wird weiter in Richtung Wald verwiesen. Was sich dort aber pompös auf weiträumiger Lichtung zeigt, ist der »Selzerbrunnen«. Spätestens hier wird dann klar, was der Grund für das Scheitern war: Man suchte eben in Nied und nicht in Sossenheim! An Chlodwig Poths »Last Exit Sossenheim« zu denken, wenn man die Straße Alt-Sossenheim hinuntergeht, liegt da nahe. Auf der Brücke über den salzigen Sulzbach signalisiert das abgespannte Auge endlich Entwarnung: An einem kleinen Pavillon mit geschwungener Fensterfront vorbeiblickend, gerät das Ziel der Wanderung ins Visier des Ortsunkundigen.

Lokalhistoriker Adalbert Vollert berichtet: »Das Jahr 1925 brachte den Sossenheimern ein Ereignis besonderer Art, hatten sie doch damals allen Grund, vom ›Weltbad‹ zu träumen. Der seit einem halben Jahrhundert bekannte, im Unterort gelegene Faulbrunnen drohte zu versiegen und sollte wegen der vermeintlichen Heilwirkung seines Wassers neu gebohrt werden. … Der Homburger Ingenieur und Wünschelrutenträger Schermuly erhielt den Auftrag; bereits wenige Wochen nach den ersten Bohrungen kam an der alten Stelle aus 43 Metern Tiefe ein armdicker, meterhoher Wasserstrahl geschossen, ein Naturschauspiel, das nicht nur die Sossenheimer, sondern auch viele Bürger umliegender Orte anlockte. Im Freudentaumel erster Begeisterung sahen viele schon das Wort ›Bad‹ vor ihrem Ortsnamen stehen.«

Leider ergab die Analyse des Instituts Fresenius, dass es sich zwar um ein bekömmliches, schwefelstoffhaltiges Trink-, nicht aber um ein Heilwasser handelt. Bekömmlich ist es allemal nach so viel Stress. Bleibt nur die Frage: Warum haben die damals, 1926, auf dem Sauerbrunnenbecken das Wappen des HSV eingemeißelt?

Adresse Am Faulbrunnen 5, 65936 Frankfurt am Main-Sossenheim | **ÖPNV** Bus 50, 55, 58, Haltestelle Sossenheimer Kirchberg | **Tipp** Chlodwig Poth hat seine freie Zeit am liebsten an seinem »Alten Weißdorn« im Unterfeld / Niddatal verträumt, heute »Chlodwig-Poth-Anlage« genannt.

80___Das Schiller-Denkmal
Womit habt ihr das verdient?

Schiller war als Bettelstudent 1782 zum ersten Mal nach Frankfurt gewandert, schlief vor den Toren im Stadtwald, mit leerer Börse und ohne Hoffnung. Er hatte kein Glück damit, einem geldgierigen Buchhändler ein Gedicht zu verkaufen, und zog sofort wieder weiter, nachdem ein befreundeter Landstreicher Geld von zu Hause bekommen hatte. 1784 hatte sich das Bild etwas gewandelt: Schiller war einflussreicher Theaterdichter in Mannheim. Sein »Kabale und Liebe« wurde im neuen Frankfurter Komödienhaus uraufgeführt, das Skandalstück »Die Räuber« und der »Fiesco« kamen auf die Bühne. Kurz logierte er im Wirtshaus »Zum Schwarzen Bock« am Paradeplatz.

Schiller blickt düster zum Gemeinschaftshaus der Städtischen Bühnen. 1955 hat man ihn vom Schillerplatz (ehemals Paradeplatz) hierher versetzt, damit er diese schöne Aussicht hat. Dabei war seine Theaterzeit in Mannheim trotz aller zeitweiligen Erfolge finanziell kein großer Erfolg. Nach einem Jahr mit Malaria und Kunstbanausen wäre er beinahe im Schuldturm gelandet, hätte ihm nicht ein treuer Freund, der Leipziger Anwalt Christian Gottfried Körner, aus der Patsche geholfen.

Anwälte sind nun die übelsten Zeitgenossen nicht – zum Schillerjahr 2005 wurde das Denkmal aufwendig restauriert. Die Kosten von 20.000 Euro trug die internationale Anwaltskanzlei Allen & Overy, die im Japan-Tower gleich nebenan ihre Büros hat und deren Sozii sich an der kleinen Grünspan-Figur weit unten gern ergötzen.

»Die Großen hören auf zu herrschen, wenn die Kleinen aufhören zu kriechen«, hat Friedrich Schiller gesagt. Der Lorbeerkranzträger aus Bronze scheint auch an einen Satz aus »Kabale und Liebe« zu denken: »So viel Geld lässt sich, weiß Gott, nicht mit etwas Gutem verdienen.« Er hat es zwar zum Professor gebracht, aber als er 1805 gestorben war, wunderten sich die Ärzte, wie er mit seinem von auszehrender Wortarbeit ruinierten Körper überhaupt 46 hatte werden können.

Adresse Taunusanlage, 60325 Frankfurt am Main-Innenstadt | **ÖPNV** S 1–9, Haltestelle Taunusanlage | **Tipp** In der U-Bahn-Station Willy-Brandt-Platz stehen elf Spielerlegenden als »Säulen der Eintracht«.

81 Das schmalste Haus

Hier war Schmalhans nie Küchenmeister

Ein erstklassiges Restaurant, das »Seven Swans« am Mainkai 4, rühmt sich, »vermutlich« schmalstes Haus Frankfurts zu sein. Weise Entscheidung, sich hier nicht festzulegen – das Haus Schieferstein (auch »Goldener Greif« genannt) in der rekonstruierten östlichen Römerbergzeile (dem »Samstagsberg«) ist noch schmaler! In Frankfurts »Guud Stubb« (auf dem Römerberg) wurde aber nie geknapst. Die dort Ansässigen hatten Geld, wenngleich sie nicht alle Kaufleute waren. Christian Egenolff etwa, dem das Haus Schieferstein 1562 gehörte, predigte an der Peterskirche. Er prozessierte gegen seinen Nachbarn, weil ihn der geplante Erker am Großen Engel in seinem Fensterrecht beschnitt. Man verglich sich – Egenolff bekam kostenlos zwei steinerne Türfassungen, und sie teilten sich die Kosten für die Brandmauer.

Bei den Frankfurter Messen auf dem Römerberg – vom 14. Jahrhundert an zweimal jährlich – machten die Anwohner ein Riesengeschäft. Während der Messe wurden auch im Haus Schieferstein Sammeldachzellen zu horrenden Preisen vermietet. Richtig absahnen konnten die Hausbesitzer bei den nicht gerade seltenen Kaiserkrönungen ab 1562: neunmal in 230 Jahren, also durchschnittlich alle 25 bis 26 Jahre.

Die Hausbesitzer am Platz rieben sich die Hände, denn jeder Fensterplatz war Gold wert – ein Grund dafür, dass Fenster da so zahlreich in Erscheinung treten. Der Leinwandhändler Scheidler, dem das schmalste Haus 1790 gehörte, nahm anlässlich der Krönung Leopolds II. mit der Vermietung der Fenster und der Tribünen vor seinem schmalsten Haus über 6.000 Gulden ein: umgerechnet 300.000 Euro, wenn man die Kaufkraft vergleicht. Das reichte schon eine halbe Generation bis zum nächsten Kaiser, wenn man sparsam damit umging! Ob Wandschneider Scheidler extra noch Luken ins Dach gebrochen hatte, wie es vom Wirt des »Schwarzen Engels« bezeugt ist – mer waas es net.

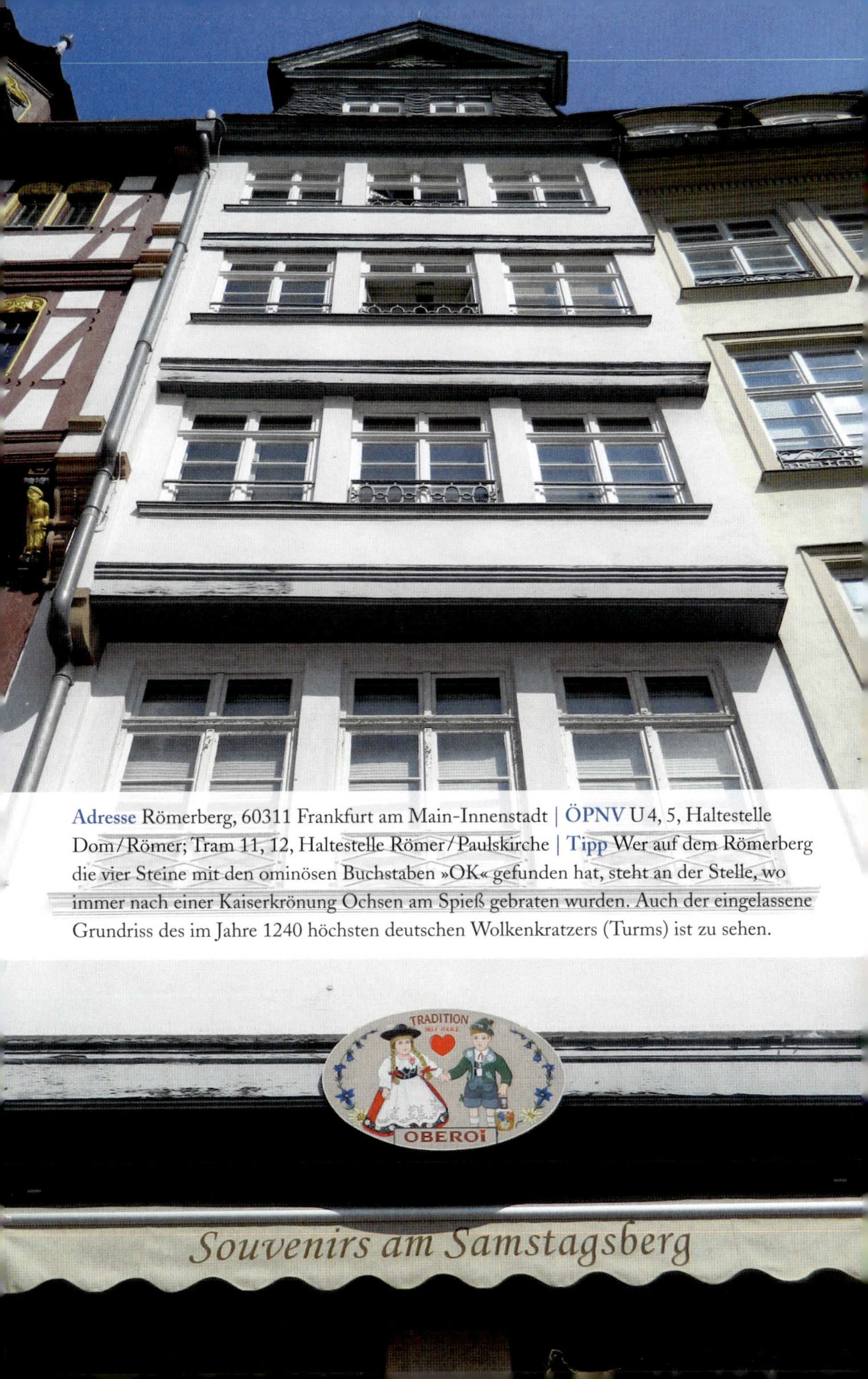
TRADITION
OBEROI
Souvenirs am Samstagsberg

Adresse Römerberg, 60311 Frankfurt am Main-Innenstadt | **ÖPNV** U 4, 5, Haltestelle Dom/Römer; Tram 11, 12, Haltestelle Römer/Paulskirche | **Tipp** Wer auf dem Römerberg die vier Steine mit den ominösen Buchstaben »OK« gefunden hat, steht an der Stelle, wo immer nach einer Kaiserkrönung Ochsen am Spieß gebraten wurden. Auch der eingelassene Grundriss des im Jahre 1240 höchsten deutschen Wolkenkratzers (Turms) ist zu sehen.

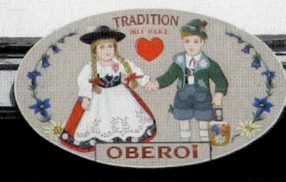

82 — Die schöne Aussicht
Augenweide vor Taunus

Als »Berchgisisheim« wurde Berkersheim 795 erstmals urkundlich erwähnt. Heute hat es 3.400 Einwohner und könnte sich schon kleine Stadt nennen, wäre es nicht 1910 nach Frankfurt eingemeindet worden. So ist es heute irgendwie beides: Dorf-Stadt, Frankfurts zweitkleinstes Anhängsel nach dem Flughafen. Zwei Vollerwerbslandwirte gibt es noch und einen Pferdehof. Da es eine echte Mineralquelle hat (die leicht saure Azur-Quelle), nennt sich Berkersheim auch schon mal insgeheim »Bad«.

Schon wenn man über den Dachsberg hereinkommt, an der Baptistenkirche vorbei, dann immer tiefer in Berkersheim versinkt und bis zur »Dallas« genannten Schräge, der kein richtiger Platz ist, gekommen ist, kann man durchatmen und sich an den bäuerlichen Gärten freuen, an den hübschen dörflichen Häusern, an der Ebbelwoiwirtschaft »Zum Lemp«, wo auch das Theater Lempenfieber seine Spielstätte hat, und sich im winzigen Onkel-Christian-Laden (statt: Tante-Emma-…) die Hauptsehenswürdigkeiten des Ortes ans Herz legen lassen.

Da ist die Kirche von 1766 mit ihrer schnuckeligen Tür, bei deren Weihe auch die heute noch jährlich gefeierte Kerb mit aus der Taufe gehoben wurde, das barocke Allianzwappen der Schelme von Bergen in der Wand des Bauernhofes Untergasse 13, wo angeblich drinnen noch eine Treppe existiert, die aus einem echten, dort stehenden Eichenbaum geschnitzt wurde, vor allem aber die runde Bank mit der schönsten Frankfurter Aussicht in Richtung Taunus.

Im Klingenfeld, über der sanft abfallenden Pferdekoppel unterm luftigen Baumgeäst, zwingt einen das Panorama zum Hinsetzen und Staunen. Ja, da liegt die »Höhe« vor einem. Es grüßen übers Niddatal herüber Altkönig, davor die Altenhöfe, oben der Große Feldberg, weiter rechts der Sandplacken, viel weiter im Osten die Saalburg-Senke und davor das eingebildete Bad Homburg. Schön weit weg, da mag es liegen bleiben.

Adresse Im Klingenfeld, links neben der Kirche, 60435 Frankfurt am Main-Berkersheim | **ÖPNV** S 6, Haltestelle Berkersheim; Bus 46, Haltestelle Gerbermühle | **Tipp** Mehr Pferde sieht man im Tal, wo man auch lange an der Nidda spazieren und schön radeln kann.

83___Die Seebar
Chillen, wo andere schwimmen müssen

Größer könnte der Gegensatz nicht sein. Während im Ostbahnhof die Massengüter Öl, Kohle und Getreide, jede Menge Schrott und giftige Chemikalien umgeschlagen, in Container verladen und von der Hafenbahn abtransportiert werden, folgt der gut informierte Pfadfinder mitten im Industriegebiet am östlichen Ende des Riedgrabens einem unauffälligen Wegstück und steht plötzlich vor einem malerischen See. Frösche quaken. Libellen zucken im Schwirrflug durch die Luft. Ein Reiher sitzt reglos am Wasser. Enten lassen sich beschaulich zum Schilfgürtel treiben. Dicht bewachsene Ufer und hoher Baumbestand erfüllen beinahe den Zweck einer Schallschutzwand und machen die Illusion perfekt, irgendwo in unberührter Natur auf dem Land zu sein.

Der Schwedlersee wurde künstlich angelegt. Er war ursprünglich für eine geplante Erweiterung des Osthafens vorgesehen, die nie verwirklicht wurde. Eine Wasserstraße zum Main ist nicht angelegt worden, der etwa 2,40 Meter tiefe See besteht aus Grundwasser. Getauft wurde er auf den Namen des Bauingenieurs J. W. Schwedler, nach dem auch die Schwedlerbrücke in Ostend benannt wurde. Schon viele Jahre lang bietet das vitale Gewässer reichlich Lebensraum für zahlreiche Fischarten und die stolzen Mitglieder des ältesten Schwimmclubs von Hessen. Seit 1921 ist der Schwedlersee das Vereinsbad des »Ersten Frankfurter Schwimmclubs von 1891« und damit Eigentum des Clubs. Seit den 1960er Jahren sind die Zeiten des eisernen Trainings und der Wasserballturniere vorbei. Der EFSC nutzt seinen Clubsee heute lieber als beschaulichen Badesee im Sommer. Neue Mitglieder sind willkommen.

In offener Schilfbauweise ist am Ufer eine Sommerbar entstanden. Essen und Getränke werden am Tresen bestellt. Auf einladend ausladenden Sofalandschaften mit Seeblick lässt sich angenehm ein endloser Nachmittag verbringen, oft mit abendlich-nächtlichem Clubprogramm und Party.

Adresse Schwedlerstraße, 60314 Frankfurt am Main-Ostend | **ÖPNV** Tram 11, Haltestelle Schwedlerstraße | **Öffnungszeiten** Mai–Sept. Do 12–1 Uhr, Fr 12–24 Uhr, Sa 20–24 Uhr, So 12–24 Uhr; Beginn und Ende der Saison werden auf www.schwedlersee.de bekannt gegeben | **Tipp** In unmittelbarer Nachbarschaft, Hanauer Landstraße 192, wartet die »Halle der Helden« auf alle solchen. Geöffnet: Mo–Sa 12–15 Uhr, Mo–Mi 18–1 Uhr, Do–Sa 19–1 Uhr.

84__ Die Sinai-Wildnis
Kleingärtner müssen draußen bleiben

Der »Dornbusch« war in der frühen Neuzeit undurchdringlicher Bestandteil der Frankfurter Landwehr. Was man anderswo mit Palisaden aus Holz oder mit Feldsteinmauern erreichte, wurde hier mit eng verwobenen Sträuchern, Hecken und kleinen Gehölzen bewirkt, die einen natürlichen Schutzwall gegen Angreifer darstellten.

Noch als man Ginnheim und Eckenheim 1910 nach Frankfurt eingemeindete, wuchs an der Eschersheimer Landstraße vorwiegend Dorngestrüpp: Brombeeren, Himbeeren, Schlehen, Hundsrosen. Zu dieser Zeit gab es die Gärtnerei von Friedrich Sinai schon 20 Jahre lang. In den Treibhäusern gediehen Rosen, Chrysanthemen, Nelken und natürlich der unverwechselbare Frankfurter Flieder, den Sinai selbst gezüchtet hatte.

Friedrichs Sohn Willi machte das Unternehmen nach 1945 bald zur zweitgrößten Gärtnerei in Deutschland. Willi Sinai perfektionierte die Blumenaufzucht unter Glas und nutzte die neuen Transportmöglichkeiten durch den Güterflugverkehr: Er versorgte den Karneval in Nizza mit Blumenschmuck und lieferte Flieder in die Wiener Ballsäle. 1953 verkaufte er 150.000 Flieder, 80.000 Chrysanthemen, 500.000 Nelken und 40.000 Rosen. Doch alles, was wächst, geht auch wieder zugrunde. Gegen die holländische und afrikanische Konkurrenz kam das deutsche Unternehmen 1978 nicht mehr an. Das Gärtnereigelände wurde halb Park, halb Wildnis.

Eine dekorierte Bürgerinitiative übernahm die Landschaftspflege. Einige Helden des Alltags sorgen seit fast 20 Jahren für den jährlichen Kehraus, denn oft nutzen Hirnlose die Landschaftsschutzzone als Müllabladeplatz. Dabei ist ein Gebiet, in dem die Natur aufatmen darf, das Kostbarste, was es gibt! Wild rankende Brombeerbüsche von respektabler Höhe säumen die gerade so freigeschlagenen Wege. Holunderbüsche duften von Mai bis Juni; im Herbst prangen die schwarzen Beeren. Auch die Brennnessel kommt ungehindert zum Zug.

Adresse Sinai-Wildnis südöstlich des Sinai-Parks, 60320 Frankfurt am Main-Dornbusch | **ÖPNV** U 1–3, 8, Haltestelle Fritz-Tarnow-Straße; die Fritz-Tarnow-Straße bis zum östlichen Ende, dann in die Wildnis | **Tipp** Auf der Bertramswiese (HR-Gelände), schon innerhalb der ehemaligen Landwehr, steht der letzte erhaltene mittelalterliche Wohn- und Wehrturm Frankfurts, der Kühhornshof.

85 __ Der Skylinesalon
Labor für Wunscherfüllung

Stellen Sie sich vor, Ihre Friseurin schaut Sie aufmerksam an. Dabei achtet Sie nicht nur auf Ihr Haar. Mit dem Blick einer professionellen Fotografin nimmt sie Ihre Ausstrahlung wahr, erkennt Ihren Typ, entdeckt das gewisse Etwas in Ihrem Gesicht. Jetzt stellen Sie sich ein Shooting bei einer Top-Fotografin vor. Bevor sie die Beleuchtung im Studio einschaltet, nimmt sie Kamm und Schere, drückt Sie sanft in den Sessel und verpasst Ihnen den schönsten Haarschnitt Ihres Lebens. Versuchen Sie nun, sich Friseurin und Fotografin in einer Person vorzustellen. Das Ganze bitte vor dem Hintergrund riesiger Loftfenster und der spiegelnden Skyline von Frankfurts City. Voilá: Mi Manchi, Friseur und Fotostudio.

Mi Manchi (gesprochen: mi mank-ji) bedeutet auf Deutsch »ich vermisse Dich« oder »du fehlst mir«. Wie oft bei Neuheiten, die man lange vermisst hat, stellt sich unwillkürlich die Frage: Warum ist vorher niemand auf diese Idee gekommen? Schließlich ist Frankfurt die Stadt der begehrten Jobs. Doch am Beginn der Karriere steht ein exzellentes, aussagekräftiges Foto. Und immer ist vor dem Fototermin ein Besuch beim Friseur das Wichtigste ... Der luftig-geräumige Salon mit rundum verglastem Panoramablick ist kein Experimentierfeld für kurzlebige Trends. Schnitt und Styling müssen authentisch, edel und pflegeleicht sein. Weil bei Mi Manchi Stil, Ausstrahlung und Typ der Kundin im Mittelpunkt stehen, kann ergrautes Haar mit einem Mal so schön aussehen, als wäre es gefärbt. Langes Haar wird von Kundinnen in den Midfifties mit Charme und Frische getragen. Blond sieht gefärbt plötzlich natürlich aus. Mi Manchi empfiehlt natürliche Looks und natürliche Farben.

Übrigens wird die junge Nachwuchsrennfahrerin Chiara Messina von Mi Manchi gesponsert. Beim Youngstarcup der World Formula raste die damals 13-Jährige in ihrem Kart an über 20 jungen Männern vorbei auf Platz eins. Jetzt steht der Sprung in die Formel 1 an.

Adresse MI MANCHI Salon & Shop, Schärfengässchen 4–6, 60311 Frankfurt am Main-Innenstadt | **ÖPNV** U 1–3, 6–8, Haltestelle Hauptwache | **Öffnungszeiten** Di–Fr 10–19 Uhr, Sa 10–15 Uhr, Termine unter 069/21087676 | **Tipp** Man besehe sich das Sandsteinportal vom Schärfengässchen 6 – hier schritt der siebenjährige Wunderknabe Wolfgang Amadeus Mozart 1763 mehrfach zu seinen »Concerten« im Scharffischen Saal vis-à-vis vom Kapuzinerkloster hindurch, meisterlich gestylt, versteht sich!

86 Der Sondermann-Park

Den Grüngürtel zumachen

Ein Riesenschild, zur Besänftigung der Gemüter in falschem Himmelblau gehalten, spricht die Pläne der Bauherren – Regionalpark RheinMain, GrünGürtel und Sondermann e. V. – unverhohlen aus: »Auf dieser Fläche entsteht in den kommenden Jahren ein neues Konsum-, Freizeit- und Messezentrum, das dem Andenken des Frankfurter Bürokaufmanns Sondermann gewidmet ist. Dazu wird der Nordpark in einem ersten Schritt großflächig oberflächenversiegelt und dann sukzessive neu bebaut. Auf dem Gebiete der ehemaligen Wildnis entstehen« unter anderem ein Parkhaus für 8.000 Automobile, Hessens erstes wasserfreies Spaßbad, ein Sondermann-Mausoleum, ein unterirdischer Durchgangsflughafen (Bonames 21), eine Shopping-Mall und ein neues Milliardengrab.

Die Fertigstellung soll im Mai 2035 gefeiert werden. Den umliegenden Stadtviertel stehen düstere Zeiten bevor: »Im Zuge der Bauarbeiten kann es in den nächsten Jahrzehnten zu Beeinträchtigungen der Lebensqualität kommen …«, heißt es denn auch frisch und frech auf dem Schild. Gutachter befürchten schon jetzt, dass die veranschlagten Kosten von 500 Millionen Euro um ein Vielfaches überschritten werden dürften. Man stellt sich auf ein langes Prozessjahrhundert ein und hat schon einmal einen unabhängigen Schlichter bestellt: Heino G.

Frankfurt hat Sondermann geprägt. Seine zunehmende Exzentrizität rückte schon zu Lebzeiten seines Schöpfers, des Zeichners Bernd Pfarr, die Stadt in ein äußerst schiefes Licht. Selbst Pfarr, der Naturliebhaber, hat sich nicht ausmalen können, dass seine Kreatur jetzt als Alpdruck über allem schwebt. 1989 sagte Sondermann beim Anblick eines freundlichen Graffitis: »Gefällt mir sehr gut in Frankfurt. Ich denke, ich werde hier eine Weile bleiben.« Auf dem alten, bescheidenen Sondermann-Denkmal, das noch immer am Ende des Parkweges steht, schaut er unbeirrt in Frankfurts düstere Zukunft und harrt der Tomaten, die da kommen.

WIEDER IST EINE ATTRAKTIVE DAME AN MIR VORÜBER GEGANGEN.

Adresse Nordpark, 60437 Frankfurt am Main-Bonames | **ÖPNV** U 6, Haltestelle Frank-furter Berg; Bus 27, Haltestelle Nordpark; am Bauschild vorbei immer geradeaus bis zum Denkmal | **Tipp** Eine Pizzeria mit 40-jähriger Tradition harrt der Bewertung: Da Angelo, Homburger Landstraße 413, 60433 Frankfurt am Main-Frankfurter Berg, geöffnet Di – Fr und So 12 – 14.30 Uhr, Di – Do und So 17 – 24 Uhr, Sa 17 – 1 Uhr; besser, man bestellt vor unter Tel. 069 / 545406.

87__Die Speakers' Corner
Pfingstpredigt im Wald

Traditionell finden sich am Pfingstmontag beim Jacobiweiher die Gemeinden der Evangelisch-Reformierten Kirche des Rhein-Main-Gebietes zum Gottesdienst ein. Neben den beiden Frankfurter Gemeinden gehören die Gemeinden der Französisch-Reformierten Kirche aus Offenbach, Hanau und Neu-Isenburg dazu. Konfession ist keine Pflicht, und selbstverständlich ist zum Pfingstgottesdienst auch jeder, der nur mal zugucken möchte, herzlich eingeladen.

Gläubige der Französisch-Reformierten Kirche waren im 17. Jahrhundert vor Ludwig XIV. aus Frankreich geflohen. Der katholische »Sonnenkönig« hatte 1685 das Edikt von Nantes für aufgehoben erklärt und die Hugenotten erneuter Unterdrückung ausgesetzt. Auf der Flucht hielten die Gläubigen ihre Gottesdienste im Freien ab. Der Pfingstgottesdienst in der Speakers' Corner erinnert an die weit zurückliegende Zeit der Waldgottesdienste. Gleichzeitig wird auch das Schicksal aller heutigen Flüchtlinge gewürdigt.

So ernst der religionsgeschichtliche Hintergrund ist, geht es bei den Waldpredigten trotzdem fröhlich zu. »Schließlich kommt es nicht oft vor, dass Familien ihre Hunde mit in den Gottesdienst bringen dürfen«, erzählt Pfarrer Udo Köhnen, der seit über 25 Jahren die Pfingstpredigt unter rauschenden Wipfeln hält. Außerdem ist zu Pfingsten die Wetterlage meist noch ungewiss. Glücklicherweise scheint Petrus der Speakers' Corner wohlgesonnen zu sein, erst zweimal musste die Gemeinde vor dem Regen flüchten. Da ist der Flugzeuglärm über Frankfurts Stadtwald schon ein schwereres Problem.

Wehmütig erinnern sich ältere Jahrgänge der Evangelisch-Reformierten Kirche an die Zeit des Wirtschaftswunders. Damals soll die Gemeinde dank mächtiger Mitglieder aus diversen Vorstandsetagen alljährlich kurzerhand ein Start- und Landeverbot für die Dauer der Pfingstpredigt erwirkt haben. »Wer's glaubt, wird selig!«, kommentiert Pfarrer Köhnen.

Adresse Speakers' Corner beim Jacobiweiher, 60598 Frankfurt am Main-Sachsenhausen; Infos zu Waldgottesdiensten bei Pfarrer Udo Köhnen von der Evangelisch-Reformierten Kirche, Freiherr-vom-Stein-Straße 8, 60323 Frankfurt am Main-Westend | **ÖPNV** Tram 14, Haltestelle Oberschweinstiege oder Louisa-Bahnhof | **Tipp** Nahe der ehemaligen Oberschweinstiege lädt das Frankfurter Forstamt ins StadtWaldHaus ein. In der ehemaligen Fasanerie mit Waldwiese auf dem Dach gibt es neben Lehrpfaden für Groß und Klein einen Hofladen mit exklusiven Wildspezialitäten aus dem Frankfurter Stadtwald, Kuhpfad-schneise, 60528 Frankfurt am Main, Tel. 069/683239, www.stadtwaldhaus-frankfurt.de.

88__ Die Sponti-Kita

Joschi, Dani und Grisu

»Theorie und Praxis der antiautoritären Erziehung« hieß ein Buch, mit dem der Rowohlt Verlag 1969 die Bestsellerlisten stürmte. Darin werden Konzept und Alltagsleben der Summerhill-Schule von Schulgründer Alexander Sutherland Neill vorgestellt. Der schottische Pädagoge wird sich über die Tantiemen gefreut haben, denn Summerhill brauchte ständig Geld. Aber von antiautoritärer Erziehung hat A. S. Neill selbst nie gesprochen und sich entschieden dagegen gewehrt, von der deutschen Studentenbewegung als Gallionsfigur für Kinderladenpädagogik instrumentalisiert zu werden. Jahrzehntelang stellte die deutsche Übersetzung von Neill's »Summerhill: A Radical Approach to Child Rearing« vermeintlich das theoretische Fundament des Begriffes »antiautoritäre Erziehung« dar.

Junge Eltern, die für ihre Kinder in öffentlichen Kindergärten keinen Platz fanden oder unzufrieden mit der gängigen pädagogischen Praxis waren, gründeten in leer stehenden Ladengeschäften die ersten Kinderläden. Bald gab es auch an der Frankfurter Uni einen Kinderladen. In derselben Straße hatten Joschka Fischer und Daniel Cohn-Bendit 1970 die linke Karl Marx Buchhandlung mitgegründet, nun wurden sie als Kumpels der Knirpse beliebt. Dank ihnen konnten Studentinnen ohne schlechtes Gewissen aufs Fahrrad steigen, um cum tempore einen Platz in Adornos überfüllten Vorlesungen zu ergattern. In repressionsfreier Umgebung, beaufsichtigt von Kombattanten der sexuellen Revolution, imitierten die kleinen Söhne die Machtspielchen echter Machos und machten Mama damit viel Freude.

Waren die Kinderläden ein Erfolg? »Ich erziehe meine Tochter antiautoritär, aber sie macht trotzdem nicht, was ich will«, sagte Nina Hagen achselzuckend. Wieso, weshalb, warum? Wer nicht fragt, bleibt dumm. Am Montag, den 8. Januar 1973, wurde in Deutschland zum ersten Mal die »Sesamstraße« ausgestrahlt.

Betreten der Baustelle nur für Kinder!
Erwachsene ohne Begleitung von Kindern haben keinen Zutritt!
Die Bauleitung

Adresse Kindertagesstätte an der Johann Wolfgang Goethe Universität, Mertonstraße 28, 60325 Frankfurt am Main-Westend | **ÖPNV** U4, 6, 7, Haltestelle Bockenheimer Warte | **Öffnungszeiten** (für Kinderladenbesucher) 7.30–17 Uhr | **Tipp** Im Restaurant »Pielok« gibt es die definitiv beste Grüne Sauce Frankfurts, ein Spitzengeheimtipp seriöser deutscher Verleger: Jordanstraße 3, 60486 Frankfurt am Main-Westend; geöffnet Mo–Fr 11.30–15 und 17.30–24 Uhr, Sa kein Mittagstisch.

89 Die Sportabteilung
Qualmende Sneaker gegen Bonzen?

Um Mitternacht brach in der Nacht vom 2. auf den 3. April 1968 im Kaufhof in der Zeil Feuer aus. Die Sportartikel- und Spielwaren-Abteilung war mit einer Sprinkleranlage ausgerüstet. Dennoch entstand erheblicher Sachschaden. Als die ermittelnde Frankfurter Kriminalpolizei in derselben Nacht Plastikflaschen und Reisewecker sicherstellte, schrieb Kaufhof eine hohe Belohnung für Hinweise, die zur Ergreifung der Brandstifter führen, aus.

Schon am 4. April kam der heiße Tipp, dem ein Triumph für Frankfurts Kripo folgte: Gudrun Ensslin, Andreas Baader, Thorwald Proll und Horst Söhnlein wurden verhaftet. In der Anklage sah die Staatsanwaltschaft den Tatbestand schwerer Brandstiftung als erfüllt. Schließlich, so lautete die Begründung des Staatsanwalts Walter Griebel, hätte die ganze Frankfurter Innenstadt abbrennen können. In der Verhandlung des Schöffengerichts beschränkte sich die Anklage auf versuchte menschengefährdende Brandstiftung. Das Urteil lautete: drei Jahre Haft für Ensslin, Baader, Proll und Söhnlein.

Die Anwälte der Angeklagten gingen in Revision und erreichten im Juni 1969, dass die Haftzeit unter Auflagen vorübergehend ausgesetzt wurde, doch schon im November wurde das Urteil rechtskräftig. Horst Söhnlein trat seine Haftstrafe an, während Ensslin, Baader und Proll in Paris untertauchten. Im darauffolgenden Jahr wurde Andreas Baader von Ulrike Meinhof aus der Berliner Haftanstalt befreit, wo er mittlerweile sein Strafmaß für die verübten Kaufhausanschläge absaß. Als Gründer der gewalttätigen Stadtguerilla »Rote Armee Fraktion« (RAF) waren die Journalistin und Publizistin Meinhof und der mehrfache Autodieb und ehemalige Bauarbeiter Baader in den folgenden Jahren für Bomben- und Sprengstoffanschläge verantwortlich. Die Frankfurter Kaufhausanschläge der RAF wurden 1969 unter dem Titel »Brandstifter« mit Margarethe von Trotta und Iris Berben in den Hauptrollen verfilmt.

Adresse Zeil 116, 60313 Frankfurt am Main-Innenstadt | ÖPNV S 1−9, U 1−3, 6−8, Haltestelle Hauptwache | **Öffnungszeiten** Mo−Mi 9.30−20 Uhr, Do−Sa 9.30−21 Uhr | **Tipp** Vor der Hauptwache (dem Gebäude und Café) sollte man einmal in die B-Ebene abtauchen und schauen, ob der Stand von »Käs-Petri« aufgebaut ist; sonst geht man einfach zur Untergrund-Schlemmer-Metzgerei, Hauptwache-Passage 6.

90__Das Stadt-KZ
Aufarbeitung verweigert

In keiner anderen deutschen Stadt habe es ein KZ im Stadtzentrum gegeben, erklärte Friedrich Radenbach in einem Interview. Dem Gründer der Claudy-Stiftung wird bis heute verweigert, worum er jahrelang gekämpft hat: eine Gedenkstätte für die Hölle im Gallusviertel unter dem Decknamen »Katzbach«. Der Stadt ist das Andenken an 1.600 KZ-Häftlinge, die im dritten und vierten Stock des Gebäudes gequält wurden, nur eine unscheinbare Bronzetafel wert. Die Bahn AG findet nichts dabei, über dem Gedenkschild für »Rent a bike« zu werben ... Als Industriedenkmal sollen die Adlerwerke gewürdigt werden, aber nicht als der dunkle Ort, der sie auch waren. Politologe Radenbach spricht aus, was viele Frankfurter denken: »Es ist mir völlig unerfindlich, warum die Stadt sich weigert.«

Die Adlerwerke produzierten Automobile, Fahrräder und Schreibmaschinen. Im Krieg wurde die Produktion auf Motorteile und Panzerketten sowie Getriebe für den Panzerkampfwagen »Tiger« umgestellt. Generaldirektor Ernst Hagemeier und Personaldirektor Dr. Franz Engelmann forderten KZ-Häftlinge an. Beide gingen nach Kriegsende straffrei aus. Jahrzehntelang wurde »Katzbach« totgeschwiegen. Ein Schülerprojekt in den 1980er Jahren brachte zwei Pädagogen auf die verscharrte Spur. In ihrem Buch »Wir lebten und schliefen zwischen den Toten« berichten ehemalige Gefangene, die an den Ort ihrer Qualen zurückkehrten. Einer von ihnen, René Kern, erinnert sich: »Körperpflege gab es nicht, man aß, wenn sich die Gelegenheit dazu bot, Abfälle, man lebte und schlief zwischen den Toten, den Leidenden, den Kranken, den Fiebernden, den Tuberkulose- und Ruhrkranken, den Sterbenden ...«

Am 14. März 1945 flohen der 19-jährige Adam Golub und der 21-jährige Georgij Lebedenko aus dem KZ Adlerwerke. Sie wurden von der SS vor den Häusern an der Ecke Lahnstraße / Kriegkstraße erschossen. Dreiundfünfzig Jahre nach dem Mord wurden dem Platz in einer Gedenkveranstaltung ihre Namen gegeben.

Adresse Kleyerstraße 25, 60326 Frankfurt am Main-Gallusviertel | ÖPNV Tram 11, 21, Bus 52, Haltestelle Kriegkstraße | Tipp Auf dem Hauptfriedhof wurden 528 Häftlinge in einem Massengrab auf dem Gewann E 157 mit folgender Inschrift beerdigt: »Zum Gedenken. Hier ruhen 528 Menschen. Sie starben zwischen August 1944 und März 1945 in den ADLER-WERKEN, in Frankfurt am Main. […] Sie starben mitten in Frankfurt. […] Der Schoß ist fruchtbar noch, aus dem das kroch. Bert Brecht.«

91 Das Stadtschreiberhaus

Nummer eins in Deutschland

Bergen-Enkheim hat allsommerlich doppelt guten Grund zum Feiern. Vor mehr als 1.000 Gästen wird im Festzelt die Apfelweinkönigin gewählt und der Bergener Stadtschreiberpreis verliehen. Bei Ebbelwoi und Brezeln heißt Frankfurts jüngster Stadtteil einen Schriftsteller oder eine Schriftstellerin für ein Jahr im weißen Häuschen an der Oberpforte willkommen. Mit der ersten Verleihung des »Bergener Stadtschreiberpreises« hat die Tradition der Stadtschreiber in Deutschland überhaupt erst begonnen.

1973 machte Schriftsteller Franz Joseph Schneider den Vorschlag, deutschen Schriftstellern ein sorgenfreies Schaffensjahr zu ermöglichen. Also für ein Dach über dem Kopf zu sorgen und dazu noch für genügend Geld, um zwölf Monate lang den halbwegs ruhigen Schlaf zu gewährleisten, ohne den kein Roman vollendet werden kann. Bereits ein Jahr später wurde Wolfgang Koeppen zum ersten Bergener Stadtschreiber benannt und bezog das weiße Arbeiterhäuschen an der Außenseite der alten Stadtmauer.

Franz Joseph Schneider hat Stadtgeschichte geschrieben und aus Bergen-Enkheim einen bedeutenden Standort für deutschsprachige Gegenwartsliteratur gemacht. Heute ist das von ihm initiierte Stipendium mit rund 20.000 Euro dotiert, an der Volkshochschule von Bergen-Enkheim sind die Literaturkurse zum Werk der Stadtschreiber ausgebucht, das gemütliche weiße Häuschen an der Oberpforte hat mehrere Modernisierungen hinter sich und ist dank der Namenstafel ein Pilgerort geworden.

Manche Stadtschreiber ließen sich kaum am Ort des Geschehens blicken. Andere gaben sich hinter zugezogenen Gardinen einem wahren Schaffensrausch hin, scheuten dafür jedoch die Öffentlichkeit. Immer wieder kamen Dichter nach Bergen-Enkheim, die sich während ihres Aufenthalts von Herzen an ausgedehnten Kneipentouren, dem guten Stöffsche und der Nähe zu Land und Lesern erfreuten. Einer ist während seines Stadtschreiberjahrs sogar Vater geworden.

Stadtschreiber

Wolfgang Koeppen 1974/75	Karl Krolow 1975/76	Peter Rühmkorf 1976/77
Peter Härtling 1977/78	Nicolas Born 1978/79	Helga M. Novak 1979/80
Dieter Kühn 1980/81	Peter Bichsel 1981/82	Jurek Becker 1982/83
Günter Kunert 1983/84	Friederike Roth 1984/85	Ludwig Fels 1985/86
Gerhard Köpf 1986/87	Ulla Hahn 1987/88	Eva Demski 1988/89
Katja Lange-Müller 1989/90	Heinz Czechowski 1990/1991	Robert Gernhardt 1991/92
Ralf Rothmann 1992/93	Paul Nizon 1993/94	Josef Winkler 1994/95
Herta Müller 1995/96	Wilhelm Genazino 1996 97	Jörg Steiner 1997/98
Arnold Stadler 1998 99	Wulf Kirsten 1999/2000	Peter Kurzeck 2000 2001
Wolfgang Hilbig 2001 02	Uwe Timm 2002/03	Emine Sevgi Özdamar 2003 2004
Peter Weber 2004/2005	Katharina Hacker 2005/06	Ingomar v. Kieseritzky 2006/07
Reinhard Jirgl 2007/08	Friedrich Christian Delius 2008/09	Ulrich Peltzer 2009/10
Thomas Rosenlöcher 2010/11	Thomas Lehr 2011/12	Marcel Beyer 2012/13

Adresse An der Oberpforte 4, 60388 Frankfurt am Main-Bergen-Enkheim | ÖPNV
Bus 42, Haltestelle Nordring/Haingasse | Tipp Das Rathaus von Bergen-Enkheim ist
ein Fachwerkjuwel mit original erhaltenem Fratzenstein. Öffnungszeiten Do 20–21 Uhr,
So 15–18 Uhr.

92__ Die Startbahn West
Grüße aus den 80ern

Es waren die großen Anfangsjahre der Umweltbewegung. An der Baustelle der Startbahn West sammelten sich erstmals Menschen, denen Natur und Demokratie mehr bedeuteten als den Betonköpfen der freien Marktwirtschaft. Der Konflikt um die Erweiterung des Frankfurter Flughafens schwelte bereits seit dem Beschluss zum Bau der Startbahn 18 West im Mai 1966. Unzählige Klagen fochten zwei Planfeststellungsbeschlüsse über zwölf Jahre erfolgreich an. Erst im Dezember 1978 konnte die Frankfurter Flughafen-AG 303 Hektar Land zum Bau der neuen Startbahn erwerben und die Rodungsarbeiten für 129 Hektar Wald in Auftrag geben.

Die Zeichen vor Ort standen auf Sturm. In einer Bürgerinitiative engagierten sich vom Lärm betroffene Einwohner der Gemeinde Mörfelden-Walldorf sowie Umwelt- und Naturschützer aus Frankfurt und der ganzen Rhein-Main-Region. 1980 wurde eine Info-Hütte für Spaziergänger errichtet, wenig später, nach dem endgültigen Baubeschluss, ein ganzes Hüttendorf mit Hüttenkirche. 15.000 Demonstranten begleiteten den Beginn der Rodung mit heftigen Protesten. Um die Baustelle wurde daraufhin ein zweieinhalb Meter hoher, mit schießschartenartigen Durchlässen versehener Betonzaun errichtet – einmalig für deutsche Flughäfen. Das Hüttendorf wurde 1981 von Polizeistreitkräften geräumt, doch die Gegner demonstrierten weiterhin auf Sonntagsspaziergängen zur Absperrung.

Ohne Festakt wurde die Startbahn West am 12. April 1984 in Betrieb genommen. Die Proteste aber nahmen ihren Fortgang. Sie endeten erst, als bei einem »Jubiläumsprotest« am 2. November 1987 südlich des noch erhaltenen Tores zur Baustelle auf der Mönchbruchwiese tragischerweise zwei Polizisten durch Schüsse getötet wurden. Der Betonzaun vor der einstigen Baustelle ist noch heute der Grenzzaun der Startbahn West. Verwaschen grüßen die alten Sprühparolen: »Baum – ja bitte!«

Adresse Südende Startbahn 18 West | **ÖPNV** S 7, Haltestelle Walldorf; Wanderweg am Grundwiesensee vorbei, erst rechts in den Wald, dann links ab, Richtung Rüsselsheim; man kann sich am Fluglärm orientieren | **Tipp** Zur Entspannung bietet sich ein abschließender Spaziergang ins Naturschutzgebiet Schwanheimer Düne an, endlich wieder auf Frankfurter Territorium.

93 Die Staufenmauer

Wo die Brandtin hinter Gittern saß

Solche Dauerhaftigkeit sieht mancher Stadtplaner als Affront gegen moderne Großstadtentwicklung. Dabei bezeugt die Staufenmauer ein Verbrechen, das einen jungen Frankfurter Rechtsanwalt für die ebenso junge Mörderin einnahm. Er sollte Deutschlands größter Dichter werden, sie seine berühmteste Bühnenheldin.

Einen Katzensprung von den Mauerbögen in der Fahrgasse entfernt, nahe dem heutigen Börneplatz, stand das Gasthaus »Zum Einhorn«. Zur Weihnachtszeit des Jahres 1770 logierte dort der Diener eines holländischen Kaufmanns. Die Dienstmagd des »Einhorns«, eine junge Frau von »langer, schmaler« Gestalt gefiel ihm so sehr, dass er sie verführte. Danach verschwand er auf Nimmerwiedersehen nach Russland. Neun Monate später brachte Dienstmagd Susanna Margaretha Brandt in aller Heimlichkeit dessen Sohn zur Welt. Kurz darauf fand man im Pferdestall den toten Säugling und inhaftierte die junge Mutter als Kindsmörderin. In der Katharinenpforte der Staufenmauer war das städtische Gefängnis untergebracht. Noch heute erinnert neben der St.-Katharinen-Kirche das Sträßchen Katharinenpforte daran, wo Goethes Gretchen gefangen saß.

Goethes schillernder, doppelzüngiger Charismatiker Mephisto entsprang Gretchens Phantasie. In langen Verhören beteuerte Susanna Margaretha beharrlich, der Satan »habe sie verblendet, und ihr gleichsam das Maul zugehalten … der Satan habe ihr in den Sinn gegeben, dass sie in dem großen Haus leicht heimlich gebären, das Kind umbringen und verbergen könne«.

Im Römer wurde das Todesurteil über »die junge Brandtin« gefällt. Ihre Enthauptung auf dem Schafott folgte 1772 öffentlich auf dem Paradeplatz vor der Hauptwache. Der junge Rechtsanwalt Johann Wolfgang von Goethe hat ihre Gerichtsakten gelesen, ihre Ermittler und die ärztlichen Gutachter interviewt und sich an die Arbeit gemacht. Am Montag, den 19. Januar 1829, wurde sein »Faust« in Braunschweig uraufgeführt.

Adresse Staufenmauer in der Fahrgasse, 60311 Frankfurt am Main-Innenstadt (den besten Blick hat man von der Wiese hinter den Häusern Battonnstraße 62, 64, 66) | **ÖPNV** Tram 11, 12, 18, Bus 30, 36, Haltestelle Börneplatz | **Tipp** Das Keramikhaus »Frankfurter Dippemarkt« bietet eine Riesenauswahl an Bembeln; Fahrgasse 80 / Ecke Berliner Straße; Öffnungszeiten Mo–Fr 9–19 Uhr, Sa 9–16 Uhr.

94 Der Stoltzeplatz

»Es is kää Stadt uff der weite Welt …

… Die so merr wie mei Frankfort gefällt, / Un es will merr net in mein Kopp enei: / Wie kann nor e Mensch net von Frankfort sei!« 1880 schrieb Friedrich Stoltze seine berühmtesten Verszeilen – im Jahr des 5. Deutschen Turnfests in Frankfurt, im heutigen Günthersburgpark. Er begrüßte die Teilnehmer trotz der fremdenfeindlichen Zeilen voller Aufgeschlossenheit. Auch entschärfte er sein berühmtestes Gedicht später selbst: »Kommt doch net so gleich in Trapp, / Ach, un seht doch ei, / Jedem Narr gefällt sei Kapp / Warum mir net mei?« Natürlich hat er damit gerechnet, dass seine Verse patriotisches Allgemeingut werden. Bei Eintrachtfans heißt es im Nachklapp: »Wie kann nor e Mensch net für die Eintracht sei!«

Bei Stolzes daheim hatte es zwei Fraktionen gegeben: die hochdeutsche und die babbelnde »Frankforter«. Der politisch engagierte Stoltze schrieb seine satirische Wochenschrift »Frankfurter Latern« fast komplett selbst. »Gewehnlich in Hochdeutsch« solle das Wochenblatt erscheinen, so Stoltzes erster Leitartikel, für Artikel in Mundart stehe »ein vereidigter Übersetzer de ganze Daach gratis uff de Gass« bereit. Die größte Strafe für ihn war, dass ihn die Preußen 1866 sofort wegen zahlloser missliebiger Antipreußen-»Laternen« auf dem Kieker hatten und er einige Monate Frankfurtverbot aushalten musste.

Der Frankfurter Sparkasse ist es zu verdanken, dass es seit 1978 ein winziges Stoltze-Museum gibt, das aufwendig saniert und umgebaut wird. Im Internet kann man sich bis zur Neueröffnung zahlreiche fachlich brillante Texte der 1822-Stiftung der Bank über Stoltzes Leben in Frankfurt, etwa sein häufiges Umziehen, durchlesen. Der »Latern«-Herausgeber hätte es mit Humor genommen, dass ausgerechnet ihm, dem vom Geldsegen nie Getroffenen, solch späte Ehre zuteilwird. Auch wenn sein Denkmal demnächst zum Römerberg umzieht – am Stoltzeplatz treffen sich Stoltzefreunde, um unter den Bäumen seine Gedichte zu lesen.

Adresse Friedrich-Stoltze-Platz, 60311 Frankfurt am Main-Innenstadt | ÖPNV S 1−6, 8, 9, U 1−3, 6−8, Haltestelle Hauptwache | **Tipp** In der nahen traditionsreichen Kleinmarkthalle, Hasengasse 5, sollte man eine Frankfurter Spezialität genießen oder Zutaten für die Grüne Sauce einkaufen (siehe Seite 76). Mundart und Stoltze live bietet das Frankfurter Rezitationstheater: www.rezi-babbel.de.

95 __ Der Strauß

Schwerter zu Schreibfedern

Der südliche Kornmarkt war seit dem Mittelalter Frankfurts Waffenschmiede. Mitte des 15. Jahrhunderts jedoch breiteten sich Drucker und Buchhändler in dem Terrain aus. Ab 1480 hielten sie in der »Buchgasse« jährlich zwei Buch-Messen ab.

In der Freien Reichsstadt Frankfurt, dem »Silber- und Goldloch«, wie Luther sagte, konnten Bücher gehandelt werden, auf deren Besitz anderswo der Tod stand. Nachdem er 1520 von Papst Leo ein neues Vatikanisches Konzil gefordert und ihm die Schrift »Von der Freiheit eines Christenmenschen« gewidmet hatte, wurde Luther zum Verkaufsschlager.

Nachdem ihn der Vatikan 1521 mit der Bannbulle »Decet Romanum Pontificem« exkommunizierte, fuhr er zum Wormser Reichstag, um vor den Fürsten seine Ideen zu verteidigen. Am 14. April 1521 stieg er im Haus »Zum Strauß« an der Ecke Schüppengasse / Buchgasse ab. Während sein Gegner Johannes Cochläus – zu jener Zeit Dechant des Liebfrauenstiftes – gegen ihn predigte, bereiteten ihm die Frankfurter Patrizier Philipp Fürstenberger, Arnold von Glauburg und Bürgermeister Hamman von Holzhausen einen begeisterten Empfang. Bis in die späte Nacht diskutierten sie mit dem prominenten Gast, dessen Schriften ihnen seit der Messe bereits vertraut waren. Auch auf der Rückfahrt von Worms, am 27. April, kehrte er noch einmal im »Strauß« ein. Im Haus Luthereck am Domplatz ist der auf der Heimfahrt von Worms schon vogelfreie »Bruder Jörg« dagegen nie gewesen.

Das Eckhaus verschwand 1896 beim Rathausneubau, als man die »Paulsgasse« verbreiterte und fortan »Bethmannstraße« nannte. Letzter Rest des Hauses »Zum Strauß« war ein Fresko aus dem 18. Jahrhundert. Im Jahr 2004 legte die Delbrück Bethmann Maffei AG ihre Zentrale in den ehemaligen Basler Hof, in dem die Bankiersfamilie Bethmann schon seit 1762 gesessen hatte. 1953 war das stark kriegsbeschädigte Haus rekonstruiert worden. Samt Vogel Strauß!

Ein Strauß war anderthalb Jahr alt
In Gröss und Form gleich dieser Gestalt
Aus Tunis dem Barbarienland
Ward uns seit Anno 1577 bekannt

1577 · 1890
1862 · 1922
1973

Adresse Bethmannstraße 7–9, 60311 Frankfurt am Main-Innenstadt | **ÖPNV** U 4, 5, Tram 11, Haltestelle Dom/Römer | **Tipp** Ein Hauch lutherzeitliches Frankfurt weht einen jeden Monat bei den »Klosterkonzerten« im ehemaligen Karmeliterkloster, Münzgasse 9, an, wo Jerg-Ratgeb-Fresken von 1521 zu sehen sind: www.allegra-online.de.

96 Das Tower Café

Biskuitrolle am Rollfeld

Der ehemalige Helikopterflugplatz der US Army trägt den Namen des US-Offiziers Maurice Rose, eines mit zahlreichen Auszeichnungen geehrten Kommandanten und Mitglieds der französischen Ehrenlegion. Unter seinem Kommando schaffte 1945 die erste alliierte Einheit den Durchbruch durch Hitlers Westwall. Kurz darauf wurde Maurice Rose während einer Aufklärungsfahrt im Rheingebiet von einem deutschen Panzerkommandanten erschossen.

In den Jahren 1951/52 wurde das viereinhalb Hektar (gleich 45.000 Quadratmeter) große Flughafengelände im heutigen Frankfurter Grüngürtel von der amerikanischen Armee zum Militärflugplatz ausgebaut. Er diente als Hubschrauberlandeplatz für das V. US-Corps, das damals sein Hauptquartier im General Creighton W. Abrams Building hatte (ehemaliges IG-Farben-Haus, heute Johann Wolfgang Goethe-Universität). Noch 1982 unterhielt der Flugplatz 36 einsatzbereite Helikopter. Erst nachdem das gesamte US-amerikanische Flugbataillon ins unterfränkische Giebelstadt verlegt worden war, wurde der alte Bonameser Flugplatz 1992 geschlossen.

Heute brausen keine Rotorblätter mehr durch die Luft. An heißen Sommertagen sind Hummeln und Stechmücken die lautesten Flieger. Steile Senkrechtlandungen, wie früher die Helikopter, legen hier nur noch Amseln hin, die sich für ihr Abendlied auf dem alten Towerturm niederlassen. Selbst ein Fischteich ist auf dem renaturierten Gelände entstanden. Aus der ehemaligen Landebahn, die mit 750 Metern vollständig erhalten blieb, ist ein ungestörter Trainingskorridor für Inline-Skater geworden.

Weithin sichtbar blitzt das rot-weiß gewürfelte Towergebäude mit dem achteckigen Turm auf dem Dach durchs Landschaftsschutzgebiet Frankfurter Grüngürtel. Daneben, in einer ehemaligen Werkshalle, empfängt das Tower Café seine Gäste zu süßen und herzhaften Spezialitäten. Bei gutem Wetter hat der Biergarten zwischen wohlriechenden Kräuterbeeten geöffnet.

Adresse Tower Café, Am Burghof 55, 60437 Frankfurt am Main-Bonames | ÖPNV
U 2, 9, Bus 24, 28, 29, Haltestelle Kalbach; Bus 27, Haltestelle Nordpark | Öffnungszeiten
Mo–Sa 11.30–21 Uhr (durchgehend warme Küche), So, Feiertage 10–18 Uhr | Tipp
Am Alten Flugplatz Bonames steht das Miniaturmuseum für Bienen. Bevor die Bienen
ausschwärmen, können sie durch die Ausstellungsräume krabbeln. Öffnungszeiten für
Bienen: Im Sommer außerhalb der Ferien sonntags von 11–16 Uhr. Menschen können
das ganze Jahr nur von außen hineinsehen.

97__Das Tropengewitter
Eine Viertelstunde Regenzeit

In Australien liegen einige der ältesten und größten Regenwälder der Welt. Zum tropischen Norden von Queensland gehört der weltweit einmalig artenreiche Daintree Rainforest. Im Northern Territory klettert das Thermometer während der Regenzeit von November bis April auf rund 34 Grad Celsius. Schwüles Wetter, heftige Niederschläge und häufige Gewitter empfindet das Australische Süßwasserkrokodil als ideales Wohlfühlklima.

Mit nur etwa zwei Metern Körperlänge zählt es zu den kleineren Krokodilarten, sein Appetit fällt harmlos aus. Gern frisst es Fische, lehnt aber auch Insekten nicht ab. Solange während der Trockenzeit zwischen Mai und Oktober im australischen Regenwald die Flüsse austrocknen und vorübergehend nur kleine Wasserstellen übrig bleiben, rücken die Süßwasserkrokodile zusammen und leben dicht gedrängt auf kleinem Raum. Diesem Umstand verdankt sich die ungewöhnliche Verträglichkeit der Tiere untereinander. Dafür, dass sie heute nicht mehr vom Aussterben bedroht sind, haben die strengen Naturschutzgesetze Australiens gesorgt.

Seit 1990 werden im Frankfurter Zoo Süßwasserkrokodile gehalten. Zu Recht ist der Zoo stolz darauf, dass die im Exotarium lebenden Krokodile gebürtige Frankfurter sind. Besucher, die sich zum Tropengewitter bei den zierlichen Krokodilen einfinden, betreten eine andere Welt. Sanft rauschender Regen fällt ins Bassin und zieht Kreise auf dem türkisen Wasser. Die dunklen Blätter üppig wuchernder Dschungelpflanzen überzieht silbriger Glanz. Stille und träumerische Entspannung übertragen sich auf die Besucher. Umgeben von Regen und tröpfelnden Blättern vermitteln die Süßwasserkrokodile den Eindruck, als meditierten sie im Tropengewitter. Reglos und andächtig verharren sie, kaum von ihrer Umgebung zu unterscheiden. Nicht auszuschließen, dass der Rhythmus der fallenden Tropfen uralte Erinnerungen an den Dschungel Australiens in ihnen weckt.

Adresse Bernhard-Grzimek-Allee 1, 60316 Frankfurt am Main-Ostend | **ÖPNV**
U 6, 7, Tram 14, 16, 18, Haltestelle Zoo | **Öffnungszeiten** Zoo: April–Okt. 9–19 Uhr,
Nov.–März 9–17 Uhr; Regenzeiten (1. Stock Exotarium) täglich 11.30 Uhr und
15.30 Uhr | **Tipp** Im »Kölle-Zoo« in Frankfurt am Main-Griesheim ist getreu dem Motto
»Herz und Verstand für Tiere« eine weitläufige Paradieswelt entstanden. Ein imposantes
Schauaquarium ist zu bewundern. In der begehbaren Freiflugvoliere begrüßen handzahme
Papageien große und kleine Tierfreunde; Mainzer Landstraße 681, 65933 Frankfurt am
Main-Griesheim, Öffnungszeiten Mo–Sa 10–20 Uhr.

98__Die Tür

So long, schöne Rosemarie

Wie immer wird die 24-Jährige von Bewunderern umringt gewesen sein, als sie 1957 bei einem Glas Sekt in der todschicken Bad Homburger Tennis-Bar scherzte, es werde ihr noch mal einer den Schädel einschlagen. Weil sie selbst ahnte, dass das kein Scherz war, plante sie damals bereits auszusteigen. Eine Chemische Reinigung wollte sie eröffnen und ein bürgerliches Leben führen. Es kam nicht dazu. Die Polizei fand sie ermordet in ihrer Wohnung, Appartement 41 in der Stiftstraße 36. Das Haus kennt in Frankfurt jeder, wegen der großen Reklame der Detektei Tudor an der Außenfassade.

Der Mord wurde nicht aufgeklärt. Von skandalträchtigen Schlagzeilen berauscht, schrieb Erich Kuby 1958 ein Drehbuch und schob den Roman dazu gleich nach. »Das Mädchen Rosemarie« erreichte im Kino ein Millionenpublikum und erhielt eine Einladung zur Biennale nach Venedig, was das Auswärtige Amt vor Schreck zittern ließ, da der Film dem Ansehen Deutschlands im Ausland schaden konnte.

Fünfzig Jahre nach ihrem Tod machte Christian Steigers Dokumentation »Autopsie eines deutschen Skandals« Einzelheiten aus den Ermittlungsakten der Toten bekannt. Seit ihrem dritten Lebensjahr war Rosemarie Nitribitt, die mit bürgerlichem Namen Marie Rosalie Auguste hieß, in Kinderheimen untergebracht. 1944 wurde die damals Elfjährige von einem Soldaten vergewaltigt. Danach begann sie verhaltensauffällig zu werden. Die »tadellose Führung des Mädchens hat sich mit dem Eintreffen der Besatzungstruppen abrupt verändert«, steht in Marie Rosalies Akte. Die Heranwachsende begann, sich Männern anzubieten. Wie bei vielen Opfern schwerer sexueller Gewalt folgte auf ihre Vergewaltigung der nahtlose Übergang zur Prostitution. Offiziell arbeitete Rosemarie Nitribitt als Mannequin, heute würde man Model sagen. Undercover ging sie als Sexarbeiterin »Rebecca« im eigenen Mercedes 190 SL auf Freierjagd. Seit 2013 ist das »Nitribitt-Haus« ein Kulturdenkmal.

Adresse »Nitribitt-Haus«, Stiftstraße 34−36, 60313 Frankfurt am Main-Innenstadt | **ÖPNV** U 1−3, 8, Bus 36, Haltestelle Eschenheimer Tor | **Tipp** Die Boutique »petit boudouir« verkauft betörend sinnliche Lingerie. Öffnungszeiten Mi−Sa 11−19 Uhr, Eschersheimer Landstraße 5−7, 60322 Frankfurt am Main.

99 Der Turm
Alle lieben E. T.

Eine ehemalige Bewohnerin hat den schönsten von einst 60 Wehrtürmen der Stadt vor dem Abriss gerettet! Als Kind wohnte Ruth Schwarz von 1922 bis 1928 mit ihrer Familie in den unbeheizbaren, kargen Turmzimmern des Eschenheimer Turms: »Oben hinter den Zinnen habe ich gespielt, über mir war nur der Himmel und die Spitze … mit der knarrenden Wetterfahne.« Die damalige Wohnküche ist das heutige Kaminzimmer, das man für besondere Veranstaltungen buchen kann. Damals hingen Töpfe und Pfannen seitlich der offenen Herdstelle. Alle, die im Turm lebten, trafen sich hier und wärmten sich auf. Von hier musste das Wasser nach ganz oben geschleppt werden.

Der Turm stand einst noch mitten im Grün. Vom Wehrgang sah man das IG-Farben-Haus. »Es hieß ja, es habe 999 Fenster, und ich hab versucht, die zu zählen, aber ich bin nicht weit gekommen mit dem Zählen.« Nach dem Zweiten Weltkrieg war der Turm noch immer bewohnt. Erst ab 1957 stand er leer und begann zu verfallen.

Ruth Schwarz wollte sich nicht damit abfinden, dass der geliebte Turm ihrer Kindheit einer Hochhausneubebauung geopfert werden sollte. Sie kämpfte jahrelang für seinen Erhalt, unterstützt durch die »Freunde Frankfurts«, die sich schon seit 1966 für die Pflege des kulturellen Erbes der Stadt einsetzten. Ende der 80er Jahre hatte die Turmbewegung Erfolg: 1992 wurde der Eschenheimer Turm mustergültig saniert wiedereröffnet. Ruth Schwarz erhielt 1998 die Goldene Ehrennadel der Stadt für ihr Engagement.

Eine Sage will wissen, dass der zum Tode verurteilte Wilddieb Hans Winkelsee nach neun Tagen Haft im Turm durch eine meisterhaft in die Blechfahne geschossene Neun vom Rat seine Begnadigung errang. Allerdings sieht die heutige Neun wie mit der Schablone gebohrt aus, was den Glauben an diese Mär nicht eben stärkt.

Adresse Tower Bar und Restaurant im Eschenheimer Turm, 60318 Frankfurt am Main-Innenstadt | **ÖPNV** U 1 – 3, 8, Bus 36, Haltestelle Eschenheimer Tor | **Tipp** In der Schellgasse 8 in Sachsenhausen sitzen die Freunde Frankfurts e. V. und laden regelmäßig zu Vorträgen: www.freunde-frankfurts.de.

100__ Der TWA-Platz

Wer nicht denkt, fliegt raus! (Joseph Beuys)

War es überraschend, dass das Denkmal schon nach kurzer Zeit mit Steinen beworfen wurde? Nicht etwa stabile Wände, sondern vier große Glasscheiben von zweieinhalb Metern Höhe stellt ein russischer Künstler namens Vadim Zakharov um den Tisch, der Adornos Schreibtisch versinnbildlichen soll.

Der Begründer der Frankfurter Schule emigrierte Anfang 1938 in die Vereinigten Staaten. Im selben Jahr wurden Schaufensterscheiben jüdischer Geschäfte von hasserfüllten Nationalsozialisten mit Steinen eingeschmissen. Es erscheint befremdlich, dass Herrn Zakharov die Pogrome (das Wort »Pogrom« stammt aus seiner Muttersprache) nicht gegenwärtig waren. Aber da offenbar auch sonst niemand so weit denken mochte (oder konnte), wurde im Jubiläumsjahr seines 100. Geburtstages der Philosoph, Soziologe, Musikkritiker und Jude Theodor W. Adorno mit einer Monumentaldekoration geehrt, die 220.000 Euro gekostet hatte. Kurz darauf flogen Steine hinein.

Die Frankfurter bezogen Stellung, nahmen das Denkmal persönlich in Schutz und hielten nach dessen Instandsetzung eine Nacht lang gemeinsam Wache. Höhepunkt war die musikalische Inszenierung der Steinwürfe, in freier Tonalität komponiert von Adorno-Schüler und Cellist Frank Wolff.

Ein Kulturbeauftragter der Stadt Frankfurt erklärte das Adorno-Denkmal zu »einer Provokation …, weil jeder weiß, dass Glas zerbrechlich ist. Uns geht es darum, herauszufinden, ist denn eine Stadt in der Lage, so etwas zu akzeptieren.« Da wird von »einer Stadt« gesprochen, wo Vandalen gemeint sind. Fragilität wird zur »Provokation« verdreht. Gemäß solcher Logik ist das mit Steinen beworfene Glas selbst schuld, wenn es zerbricht.

Als die Uni auf den Campus Westend umzog, nahm sie auch die TWA-Gedenkstätte mit, wo Adornos Schreibtisch nun unter der schützenden Hand der Alma Mater weiter im fragilen Schneewittchensarg schlafen darf.

Adresse Theodor-W.-Adorno-Platz, 60486 Frankfurt am Main-Westend | **ÖPNV**
U1–3, 8, Haltestelle Holzhausenstraße; Bus 36, Haltestelle Uni Campus Westend;
Bus 75, Haltestelle Bremer Straße und Lübecker Straße | **Tipp** Ein Katzensprung entfernt
ist das architektonisch beeindruckende »Haus der Stille« des Vereins zur Förderung des
Interreligiösen Dialogs an der Goethe-Universität.

NEGATIVE DIALEKTIK

101__ Der Überblick

Hin und weg vom scheppen Ding

Frankfurts Oberbürgermeister Walter Wallmann fand den Blick über die Mainbrücken »aufregend schön« und verglich seine Stadt mit den beiden europäischen Hauptstädten Paris und Rom. Vom »scheppen Ding« wollte Wallmann zunächst nichts wissen, sein damaliger Referent erklärte den Neubau der Flößerbrücke zur »Schnapsidee«. Hamburgs Starbrückenbauer Egon Jux mochte mit der Köhlbrandbrücke noch so viel Aufsehen erregt haben, ihre Mainbrücken wollten die Frankfurter solide rechtwinklig über den Fluss gebaut haben. Jux' Entwurf einer asymmetrischen Citybrücke im Winkel von etwa 70 Grad zum Main nannte die FAZ eine »Scheußlichkeit«. Der Städtebaurat ging noch weiter, sprach von einer »Missgeburt«, einer »Ausgeburt der Hässlichkeit«.

Doch alles änderte sich schlagartig, als Architekt Jux seine Rede über das »Kraftfeld Main und den Menschen« hielt. Seine Vision begeisterte Bürgermeister Wallmann, gerade weil es um den Menschen ging, dem auf der neuen Zügelgurtbrücke breite Wege zum Spazierengehen und Verweilen gebaut werden sollten. Ohne weitere Verzögerung wurde die flussüberspannende, schiefe Ebene von 221 Metern Länge und 21,50 Metern Höhe verwirklicht. Die beiden grün gestrichenen Pfeiler (Pylonen) sind nostalgisch gestaltet worden und erinnern an fächerförmige Ornamente der Art-déco-Zeit. Ihre Kapitelle wurden beidseitig mit roten Sonnen und goldenen Strahlenkränzen verziert.

Der Blick über den Main, mit Nikolaikirche, Paulskirche und Dom vor der Skyline, war schon beeindruckend, als die Flößerbrücke 1986 feierlich eröffnet wurde. Bereits im Jahr zuvor hatte Helmut Jahn seinen Entwurf für den geplanten Frankfurter Messeturm eingereicht, mit dem er den Architektenwettbewerb gewann. In Frankfurt hatte die Zukunft der Wolkenkratzer begonnen. Der Commerzbank Tower mit 56 Etagen oder Messeturm und Main Tower mit jeweils 55 Etagen waren jahrelang die höchsten Gebäude Europas.

Adresse Flößerbrücke, 60311 Frankfurt am Main-Innenstadt | **ÖPNV** Bus 46, Haltestelle Frankensteiner Platz/Wasserweg | **Tipp** Auf der benachbarten Alten Brücke, die über die Maininsel führt, steht der Brickegickel. Seit Jahrhunderten erinnert das Hähnchen daran, dass die Frankfurter schlauer als der Teufel sind.

102__ Das Uhrwerk

Frankfurts Mechanik-Kunstwerk

Der Rententurm von 1456 gehörte zur mittelalterlichen Stadtbefestigung. Früher saß darin der Rentmeister, bei dem die Hafengebühren bezahlt wurden. Im vergangenen Jahrhundert hat die schöne alte Turmuhr den Krieg überstanden, das Uhrwerk wurde jedoch zerstört. Erst als die Amerikaner ihre alte Kaserne bei der Friedberger Warte räumten, rückte das Ende des Stillstands im Rententurm näher. Bevor die amerikanische Kaserne abgerissen wurde, konnte das Historische Museum etwas daraus erwerben, das dringend gebraucht wurde: eine große, alte Uhr.

Dem zuständigen Restaurator blieb die Luft weg, als er den miserablen Zustand des Uhrwerks sah, das ihm in die Werkstatt gestellt wurde und ihn dort während der nächsten beiden Jahre Tag und Nacht »rund um die Uhr« beschäftigen sollte. So schlimm es auch vernachlässigt worden sein mochte, Reinhard Glasemann sah sofort, dass das im Jahr 1937 gefertigte Uhrwerk zumindest die richtige Größe besaß, um die imposanten vergoldeten Zeiger auf den schwarzen Zifferblättern des Rententurms wieder auf Trab zu bringen.

Was heute als wunderschönes Mechanikschmuckstück in der Glasvitrine steht, ist das Resultat einer unvorstellbaren Marathonbastelei. Wie Restaurator Reinhard Glasemann selbst sagt, kennt er »jedes Schräubchen mit Vornamen«. Während der zweijährigen Generalüberholung hat er das gesamte Uhrwerk auseinandergebaut und in mehrere hundert Einzelteile zerlegt. Zahnräder, Schrauben, Gewichte, Platinen, Wellen und Vorsteckstifte wurden gereinigt und repariert oder ausgetauscht. Dank des elektrischen Aufzugs braucht das Uhrwerk nicht von Museumsmitarbeitern aufgezogen zu werden. Die Transplantation in den Rententurm verlief erfolgreich. Nach seinem ersten Monat im Einsatz für die Turmuhr ging das ehemalige Kasernenuhrwerk nur um drei Minuten vor. Vorausmarschiert sozusagen. Vielleicht wegen seiner langen Zeit beim Militär.

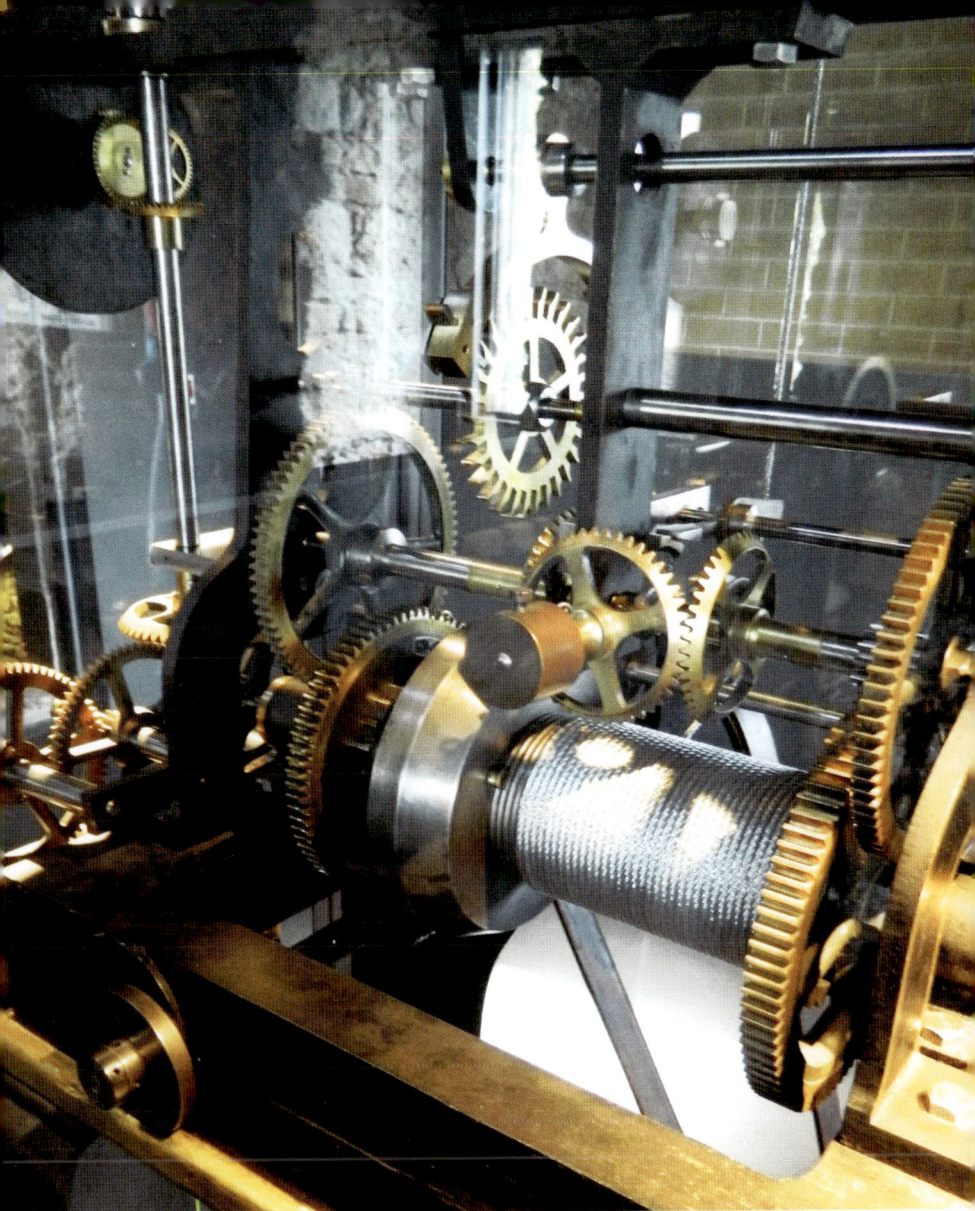

Adresse Historisches Museum mit Rententurm, Fahrtor 2, 60311 Frankfurt am Main-Innenstadt | **ÖPNV** U 4, 5, Tram 11, Haltestelle Dom/Römer | **Öffnungszeiten** Di–So 10–17 Uhr, Mi 10–21 Uhr | **Tipp** Von der alten Stadtbefestigung sind außer dem Rententurm zwei weitere Turmbauten erhalten. Frankfurts Wahrzeichen, der Eschenheimer Turm aus dem frühen 15. Jahrhundert (siehe Seite 206) und der im Jahr 1390 errichtete Kuhhirtenturm in Sachsenhausen, Große Rittergasse 118 (zwei Kilometer vom Rententurm).

103_ Der verlorene Groschen
Das ewige Auf und Ab im Häusermeer

Frankfurt wurde nach 1945 Sitz des Bundesrechnungshofes, der bis zum Jahr 2000 in der Stadt der Börse und der Hochfinanz die Haushalts- und Wirtschaftsführung der BRD überwachte. Vor dem Anbau sind noch die Reste der Zufahrt zum Parkplatz erkennbar. Hier war es, wo Theodor Heuss 1953 einen Groschen aus seinem Mercedes warf – um sich beim Eröffnungsakt königlich zu amüsieren: Gespielt wurde Beethovens Piano-Capriccio »Die Wut über den verlorenen Groschen«.

Schlendert man vom Kornmarkt kommend die Bethmannstraße hinunter, gähnen rechts die leeren Beamtenzellenfenster. In der kleinen Kunstgalerie gegenüber weiß keiner mehr genau, was da mal drin war: »Irgend so eine Finanzdirektion.« Von der Fußgängerbrücke über die Berliner Straße, wo der Autostrom gurgelnd in den Theatertunnel abfließt, ist Frankfurts innerstes, unruhiges Herz – eine Betonmischmaschine – am besten zu begreifen. Noch immer gilt hier die Devise des langjährigen Frankfurter Planungsdezernenten Hans Kampffmeyer des Jüngeren: Urbanität durch Verdichtung. Auch der Fünffingerplan – Hochhäuser entlang der Hauptverkehrsstraßen – stammt von ihm.

Verlorene Groschen? I wo: Seit 2000 leer stehend, rechnete sich der einstige Bundesrechnungshof auch im Leerstand. Mit umgerechnet neun Millionen Euro für heutige Verhältnisse billig, waren auch die Umbau- und Sanierungskosten von drei Millionen in den 80ern klein: Bei der Versteigerung erbrachte das verstaubte Gebäude unlängst noch über 16 Millionen Euro. Eine erste Planung, der Bau eines Hotelkomplexes, scheiterte am Denkmalschutz. Ob der aufgehoben wird? Ob die neue Besitzerin der Steinmasse, eine Tochter der Hessischen Landesbank (Helaba), das Objekt gewinnbringend verkaufen kann? Keiner weiß es. Ein Frankfurter meint: Machen wir es wie immer – erst mal schnell gesetzwidrig abreißen, dann in Ruhe wiederaufbauen, um einen geordneten Abriss vorzubereiten!

Adresse Fußgängerbrücke Berliner Straße / Theatertunnel, 60311 Frankfurt am Main-Innenstadt | **ÖPNV** U 1 – 5, 8, Haltestelle Willy-Brandt-Platz; Tram 11, 12, Römer / Pauls-kirche | **Tipp** Wer auch Groschen zu viel hat, geht in den Ivory-Club: Taunusanlage 15, 60325 Frankfurt am Main-Innenstadt; Öffnungszeiten Mo – Fr 12 – 15 und 18 – 24 Uhr, Sa, So 18 – 24 Uhr: Hier kann man mit etwas Glück Prominenten begegnen.

104_ Die Villa Kennedy

Banker unter sich

Den noblen Herrensitz in Sachsenhausen ließ sich 1904 Eduard Beit von Speyer bauen. Als die Nationalsozialisten sich die »Speyer-Villa« unter den Nagel rissen, war der jüdische Bankier bereits nicht mehr am Leben.

Heute ist die in der Kennedyallee gelegene Villa das Herz eines Weltklassehotels, in dem schon Robbie Williams oder die Rolling Stones abstiegen. Der märchenhafte Hotelgarten wird für romantische Hochzeitsfeiern gebucht. Im Innenhof wird traditionell zu stilvollen, eleganten Champagnerempfängen eingeladen. Doch berühmt über Frankfurts Grenzen hinaus wurde Sir Rocco Fortes Fünf-Sterne-Hotel als Treffpunkt millionenschwerer Elitemanager. Champagner und Noblesse für historisch einmalige Ereignisse der Finanzwelt. Auf die erfolgreiche Zukunft seiner Zusammenarbeit hat das Chefduo der Deutschen Bank, Anshu Jain und Jürgen Fitschen, daher traditionsgemäß in der Villa Kennedy angestoßen.

Ob jedoch hinter vornehm verhängten Villenfenstern der *Inner Circle* der Mächtigsten heimlich die Zukunft Europas verhandelt und dabei verschwiegene Oberkellner zu Mitwissern von Geheimnissen und Skandalen macht, für die Topjournalisten ihre Seele verkaufen würden, muss dringend angezweifelt werden. Im Kino würde ein Luxushotel als Umgebung für konspirative Managerrunden funktionieren. Im richtigen Leben finden die entscheidenden Meetings weitab der Öffentlichkeit statt.

Um mit Frankfurter Prominenten, vor allem einflussreichen Herren wie dem Chef von Morgan Stanley Deutschland, Lutz Raettig, Fondsmanager Klaus Kaldemorgen oder Städel-Chef Max Hollein, beinahe gemeinsam zu essen, wird empfohlen, im Opéra (Opernplatz 1) zu lunchen. Die Tische im Restaurant stehen nah genug beieinander, um diskret mitzuhören, was nebenan erörtert wird. Wenn es auch mit an Sicherheit grenzender Wahrscheinlichkeit bloß um einen Segeltörn auf der Nordsee geht.

Adresse Hotel »Villa Kennedy«, Kennedyallee 70, 60596 Frankfurt am Main-Sachsen-hausen | **ÖPNV** Tram 12, 15, 19, 21, Haltestelle Vogelweidstraße | **Tipp** Die Villa Bonn, Siesmayerstraße 12, 60323 Frankfurt am Main, im 19. Jahrhundert Stadtpalais des Bankiers Wilhelm Bernhard Bonn, ist Sitz der Frankfurter Gesellschaft für Handel, Industrie und Wirtschaft, informell als Siesmayer-Club bekannt. Hier wird unter absolutem Ausschluss der Öffentlichkeit getagt. Das einfache Volk kann dafür anlässlich regelmäßig stattfinden-der Konzerte einen Blick hineinwerfen.

105__Die Villa Meister
Im Glanz alter Zeiten

Mohrrüben bitte in der Handtasche lassen. Füttern ist Besuchern im Pferdestall nicht erlaubt. Während der offiziellen Fütterungen können mitgebrachte Gemüse aber gern beigesteuert und unter Aufsicht oft auch eigenhändig an die Tiere verfüttert werden. Die Leute, die sich um die Pferde und den Garten kümmern, sind Bewohner der denkmalgeschützten »Villa Meister«, in der heute eine Rehabilitationseinrichtung der Suchthilfe Frankfurt untergebracht ist. Das ganze Jahr über ist der Park mit seinen duftenden, alten Rosensorten und einem historischen Eishaus für Besucher geöffnet.

Die Pferde gehören dem Sindlinger Reitverein. Zu den Stallungen, die ein großes Tor vom Park trennt, gehört eine Kutscherwohnung direkt über dem Pferdestall. Als nach dem Zweiten Weltkrieg die Militärverwaltung den Besitz beschlagnahmte, mussten Witwe und Tochter des ehemaligen Villenbesitzers, Herbert von Meister, in die Zimmer über den Ställen ziehen. Selbst später, nachdem sie die Villa hatten renovieren lassen, blieben die beiden Damen in der Wohnung über den Pferdeställen. Gleich am Eingang des Gartens, in der lichtdurchfluteten Orangerie, hängen alte Fotos aus Familienbesitz.

Der Erbauer der Villa, Herbert von Meister, war Vorstandsvorsitzender der Farbwerke Hoechst und insbesondere Spezialist für die synthetische Herstellung von Indigo. Die indische Indigopflanze ist äußerst kostspielig und die Indigogewinnung aus einheimischem Färberwaid mit großem Aufwand verbunden. Jeanslegende Levi Strauss verdankt Herbert von Meister einiges … Malerisch auf einer Anhöhe über dem Main gelegen, ließ der erfolgreiche Hoechst-Chemiker sich vom königlich-preußischen Baurat Franz von Hoven seinen großzügigen Landschaftspark im Stil eines römischen Gartens anlegen. Das ältere Herrenhaus der italienischen Kaufleute Allesina, die im 18. Jahrhundert nach Sindlingen gekommen waren, ließ Herbert von Meister abreißen, um Platz für Ställe und eine Reitbahn zu haben.

Adresse Allesinastraße 1–3, 65931 Frankfurt am Main-Sindlingen | **ÖPNV** S 1, Halte-stelle Sindlingen | **Tipp** Sonntägliches Ponyreiten für Kleinkinder bietet der Reitverein Sindlingen e. V. vom Frühjahr bis zum Herbst an; Termine unter Tel. 069/373252.

106 Die Volksvertreter

»Das Recht haben die Rechthaber« (Grützke)

Am Dienstag, den 28. März 1848, versammelten sich im Römer die 574 Teilnehmer des Vorparlaments, um gemeinsam die Frankfurter Nationalversammlung vorzubereiten. Der Kaisersaal bot nicht genug Platz. Daraufhin setzte sich der historische »Zug der Volksvertreter« zur vom Römer 450 Meter entfernten Paulskirche in Bewegung. Keine zwei Monate später, am Donnerstag, den 18. Mai 1848, treffen sich die ersten frei gewählten Abgeordneten der Nationalversammlung wiederum im Römer, diesmal schon im Kaisersaal. Aus 574 Vorparlamentariern waren inzwischen 799 Parlamentarier geworden, die im Triumph über ihre neu gewonnene Souveränität zur Paulskirche gingen. Bis Jahresende hatten sie die Grundrechte des deutschen Volkes und die Reichsverfassung erarbeitet.

Der Berliner Maler und Grafiker Johannes Grützke wurde 1987 als einer von neun Künstlern in einem Ideenwettbewerb der Stadt Frankfurt um Entwürfe für ein geplantes Rundbild im Wandelgang der Paulskirche gebeten. Themen waren der deutsche Vormärz, die gescheiterte Revolution und die Demokratie. Ohne zu ahnen, dass Deutschland nur noch zwei Jahre von Montagsdemonstrationen in der DDR entfernt war, begann Grützke sich intensiv mit der Bedeutung von Volksvertretung und Volksvertretern zu beschäftigen. Sein farbgewaltiges, radikal expressives, an Randszenen und Anspielungen reiches Wandbild ist ein Wandelbild: Um es zu betrachten, muss sich der Betrachter selbst in Bewegung setzen und den Zug begleiten. Die Volksvertreter tragen den aufgebahrten Revolutionär Robert Blum, der 1848 in Wien zum Tode verurteilt und erschossen wurde.

In der Paulskirche wird alle drei Jahre der mit 50.000 Euro dotierte Goethepreis verliehen. Der Friedenspreis des Deutschen Buchhandels, mit 25.000 Euro dotiert und vom Börsenverein des Deutschen Buchhandels vergeben, wird ebenfalls in der Paulskirche verliehen, jährlich anlässlich der Frankfurter Buchmesse.

Adresse Paulsplatz 11, 60311 Frankfurt am Main-Innenstadt | **ÖPNV** U 4, 5, Tram 11, Haltestelle Dom/Römer | **Öffnungszeiten** Mo–So 10–17 Uhr | **Tipp** Die Frankfurter Volksvertreter haben sich gegen alle Bürgerproteste durchgesetzt: Bis 2016 werden neben dem »hängenden Saal« des Stadthauses am Dom die Hüllen von 15 historischen Altstadt-gebäuden auf den alten Grundrissen rekonstruiert und in eine maßstabgerechte historisierende Füllbebauung integriert. Ein computeranimierter Rundgang durch die »neue Altstadt« soll schon jetzt Lust auf den Hauskauf machen: www.domroemer.de.

107___Die »Walter Kolb«

Einfach treiben lassen

Hier und da existieren in der Weltstadt Frankfurt noch Nischen, in denen Großvaters Zeit lebendig geblieben ist. Ein rot-weiß bemaltes Vehikel mit fröhlichen bunten Fahnen auf dem Dach lässt Lärm und Hektik gelassen am Ufer zurück. Keine Autos. Keine Eile. Von Höckerschwänen eskortiert, schaukelt die »Walter Kolb« – benannt nach dem ersten Bürgermeister der Nachkriegszeit – bedächtig über den Main. Das nostalgische Ausflugsvergnügen ist ausschließlich Spaziergängern und Radfahrern vorbehalten: Autos dürfen zur Überfahrt zwischen Schwanheim und Höchst nicht an Bord.

Reger Fährbetrieb auf dem Main ist bis ins weit zurückliegende Jahr 1623 nachweisbar. Damals erwarb Fährmann Jost Ferg für sieben Gulden vom Landgrafen von Hessen-Kassel das Recht, gegen Entgelt Personen von einem Ufer ans andere zu befördern. Drei Jahrhunderte später, kurz vor Ende des Zweiten Weltkrieges, wäre die Mainfähre um ein Haar von der Wehrmacht gesprengt worden. Um sie zu retten, schipperte ein Mitglied der damaligen Betreiberfamilie Schmidt sie in die Niddamündung und flutete die Fähre, bis sie auf den Grund sank. So überstand sie die letzten Kriegswochen. Nach dem Krieg wurde sie aus ihrem feuchten Versteck gezogen und nahm den Betrieb unbeschadet wieder auf.

Wiederum einige Jahrzehnte später wurde die Leunabrücke zwischen Höchst und Schwanheim errichtet, und abermals drohte der Mainfähre vorzeitiger Zwangsruhestand. Die entstandene Straßenverbindung über den Main machte in den Augen der Stadtverwaltung den Betrieb einer Pkw-Fähre überflüssig. In Höchst protestierten die Bürger gegen die Stilllegung. Mit Erfolg, denn daraufhin wurde der Fährbetrieb auf die Beförderung von Fußgängern und Radfahrern umgestellt. Seitdem schippert die »Walter Kolb« auf ruhiger Fahrt zwischen dem herrlichen Altstadtkern von Höchst und dem urwüchsigen Naturschutzgebiet »Schwanheimer Düne« hin und her.

Adresse Fähranleger Schwanheim, Batterie, 65928 Frankfurt am Main-Höchst | **ÖPNV**
Bus 50, 54, 55, Haltestelle Mainberg | **Öffnungszeiten** Fährzeiten: im Sommer Mo–Fr
8–18 Uhr, Sa 9–19 Uhr, So 10–19 Uhr, im Winter Mo–Fr 9–17 Uhr, Sa 9–16 Uhr
(Nov., Dez. bis 14 Uhr), So 10–16 Uhr (Jan.–März ab 11 Uhr) | **Tipp** Zu Äppler und
Brezeln mit Spundekäs lädt der Biergarten der »Schiffsmeldestelle« am Mainufer, Frankfurt am Main-Höchst (Höhe Süwag), April–Okt. täglich ab 11 Uhr.

108___Der Weinberg
Mit Gipfelkreuz und Skyline

»Der Riesling gibt mich den Eindruck des Gehenktwerdens!«, hat der Alte Fritz geschmäht. Zu seiner Zeit war Wein aus Deutschland ohnedies eine schwierige Sache – grottensauer, wenn nicht gar vergiftet oder zu Tode gepanscht.

Dabei hatten die südlichen deutschen Weinbauländer immerhin einen gewissen Standortvorteil vor den traditionellen nördlichen Bierbrauregionen. Der Weinberg am Lohrberger Hang ist das letzte Relikt aus Frankfurts Zeit als Weinhandelszentrum inmitten eines reichhaltigen Weinanbaugebietes.

Mit der Verbreitung der Reblaus, die verheerende Schäden im Weinbau anrichtete, verlor Frankfurt seine Rolle als Weinhandelsstadt, und die Weinbauern suchten nach anderen Möglichkeiten, ihre Existenz zu sichern. Sie experimentierten mit anderen Früchten, und es entstand der heute so beliebte Apfelwein, von dem man sagt, dass er erst nach dem dritten Glas schmecke. Unsinn, versteht sich!

Wer es sich getraut, den Lohrberger Riesling zu probieren, am Lohrberg im MainÄppelHaus etwa oder in der Verkaufs- und Ausschankstelle in der Weinstube im »Haus Alt-Limpurg«, mitten in Frankfurts »Gut Stubb«, dem Römer, der wird angenehm überrascht sein. Als Hessens östlichster Rebhang des Anbaugebiets »Rheingau« präsentieren sich die beiden Lohrberg-Rieslinge des Weingutes der Stadt Frankfurt vollmundig und gar nicht herb. Das ist natürlich der hervorragenden Arbeit des Pächters Armin Rupp zu danken, dessen traditionsreiches Familienunternehmen im Auftrag der Stadt auch noch weitere Weinberge im nahe gelegenen Hochheim am Main bewirtschaftet.

Ein Spaziergang zum städtischen Weinberg, mit ein, zwei Flaschen des Ratsweines im Korb, lohnt besonders bei sonnigem Wetter. Vom Pavillon, wo man sich gerne zum Plausch trifft, hat man eine wunderschöne Aussicht auf Wingert und Städtchen, dessen Skyline fast verschwindet hinter den saftigen grünen Reben.

Adresse Klingenweg 90, 60389 Frankfurt am Main-Seckbach | **ÖPNV** Bus 43, Haltestelle Budge-Heim / Lohrberg | **Tipp** Das nahe Kreuz ist kein Dankkreuz für gute Ernten, wie es in Weinbergen oft steht, sondern Bestandteil eines Ehrenmals für Seckbachs tote Weltkriegssoldaten. Über die tausendjährige Weinbautradition am benachbarten Berger Hang informiert das Heimatmuseum Bergen-Enkheim, Berger Rathausplatz 1 (siehe Seite 231).

109_ Der Weinkeller

Kerle, wos e Woische!

Fröhliches Gelärm im malerischen Biergarten im Hinterhof. Einträchtig berauscht, feuert unterm weiß-gelb gestreiften Sonnenschirm ein strammes Dutzend Männerkehlen in immer kürzeren Intervallen analog synkopierte Grölsalven in die Luft, jede abrupt einsetzend und endend, akustisches Signal gleichsam leckgeschlagener, rasch sinkender Hemmschwellen.

Neu ankommende Gäste geben sich den Nimbus kosmopolitischer Immunität mit wohlwollender Bereitschaft zum spontan Volkstümlichen und nehmen ebenfalls draußen unterm Sonnenschirm Platz, woraufhin es am Nachbartisch sekundenlang ruhiger wird: nicht aus Höflichkeit, sondern aus Neugier. Aber so leicht lassen die »Bernemer« einen nicht raus. Worüber sich die Neuankömmlinge in der folgenden Viertelstunde auch zu unterhalten versuchen, bei keinem Thema können sie ernst bleiben, denn im ansteckend aufstachelnden Gelächter am Nachbartisch reißt ihnen pausenlos der Gesprächsfaden. Ehe sie nicht auch ihren Schoppen intus haben, wird an kein Gespräch zu denken sein. Mitten aus dem Trubel ringsher materialisiert sich unerwartet ein herzlich grüßender Kellner, klappt geschwind zwei Weinkarten auf und schiebt sie ihnen über den Tisch. Überwältigende Auswahl, fast kriegen die neuen Gäste schon wieder kein Wort raus. Schließlich erklären sie würdevoll, sich gern beraten lassen zu wollen, und liefern als einzigen Anhaltspunkt, dass es einmal ein Roter und einmal ein Weißer sein solle.

Mit absoluter Kennerschaft werden ihnen aus dem Stegreif ein halbes Dutzend Weine inklusive sämtlicher charakterlicher Nuancen vorgestellt. Die Gläschen kommen, und Bacchus' Vertreter auf Erden wartet aufmerksam, bis sie gekostet haben. Dem liegt's am Herzen, dass alle glücklich sind. Bei Anbruch der Nachtruhe streicht der Trupp am Nachbartisch die Segel, »von dene schafft kaaner die Kellertrepp net mehr!« – Die anderen Gäste aber tauchen noch die 13 Stufen in Dünkers Gewölbe ab, denn »wer zuletzt trinkt, trinkt am längsten«.

Adresse Berger Straße 265, 60385 Frankfurt am Main-Bornheim | **ÖPNV** U 4, Tram 12, Bus 103, Haltestelle Bornheim Mitte | **Öffnungszeiten** Mo–Do 14–1 Uhr, Fr 14–3 Uhr, Sa 13–3 Uhr; So 18–24 Uhr | **Tipp** Bornheims bunter Wochenmarkt findet Mi 8–18 Uhr und Sa 8–16 Uhr am Uhrtürmchen in der Berger Straße statt. Im vierten Stock des Gebäudes Inheidener Straße 69 dagegen baute die Baader-Meinhof-Gruppe in einer konspirativen Wohnung ihre Sprengsätze.

110__ Der Weltenbaum
In Ruhe alt werden

Seit 1923 die große Linde am Weißen Stein in Eschersheim nach einem Sturm einstürzte, ist die kleine Linde die große. Eine Winter-Linde (Tilia cordata) ist es, mit fünf Metern Umfang und 20 Metern Höhe. Sie kam wohl erst Ende des 17. Jahrhunderts aus dem Samenkorn, sieht aber aus, als stünde sie seit jeher allein auf der Welt. Von Gegnern unbeschattet, knorrig, mit Wülsten, Eulenhöhlen und einer Krone, die ihresgleichen sucht. Bei der Tausendjahrfeier war sie kurz im Stadtteilwappen – und jedes Jahr wird zum Eschersheimer Dorffest eine »Lindenkönigin« gekürt.

Muss man aber wirklich so alt werden, wenn man sich nicht bewegen, nicht eingreifen kann? 2004 musste sie mitansehen, wie eine alte Dame von der U-Bahn getötet wurde. Und irgendwann in den von Arbeits- und Ausweglosigkeit geprägten Großstadtjahren hat sich einer (ein Mensch!) am Eschersheimer Lindenbaum aufgehängt. Ganz still und heimlich, im Frühling, kletterte der hinauf, seilte den Hals an und sprang. Als man ihn im Herbst fand, hat sie sich geschämt: Beihelfer zu sein, ohne es zu wollen, nachdem man schon Generationen erfrischt und mit Sauerstoff belebt hat …

Ein Bild von 1928 zeigt eine schöne, um ihren Stamm gebaute Sitzbank. 1937, als die naturverrückten Nazis sie zum Naturdenkmal machten, stand die Linde noch frei im Feld. Erst dann wurde die Luft um sie herum langsam dicker. In den 50ern war die Bebauung schon herzbedrohend nah. Dann kamen die 70er – Jahre des Smogs und des U-Bahn-Baues. Man wollte Eschersheims Wahrzeichen absägen, doch Baumfreunde konnten es gerade noch verhindern. Die U-Bahn muss seither einen kleinen Bogen fahren. 20 Meter Bannkreis bekam der Baum zugesprochen. Ein paar Mal hat er gekränkelt und geschwächelt (zwischen 1955 und 1984), musste unters Messer des Baumchirurgen und erhielt Drainage-Bypass und künstliche Beatmung. Seither geht es ihm aber wieder blendend. Toi toi toi!

Adresse Eschersheimer Landstraße, 60433 Frankfurt am Main-Eschersheim (zwischen Am Lindenbaum und Hinter den Ulmen) | **ÖPNV** U 1–3, 8, Haltestelle Lindenbaum | **Tipp** Eine U-Bahn-Station weiter stadtauswärts ist nach dem dortigen Herkulesbrunnen benannt: dem »Weißen Stein«, erbaut 1910. Der Herkules verschwand 1945; neuerdings steht dort wieder eine originalgetreue Replik.

111 Der Zuckerhut

Turmschnecken am alten Gefängnis

Im Mittelalter war Bergen im Besitz der Grafen von Hanau. Da es an die freie Reichsstadt Frankfurt grenzte, war das Dorf ein wichtiger Grenzstützpunkt. Ab der Mitte des 15. Jahrhunderts wurde gegen die anspruchsvollen und streitlustigen Frankfurter eine fünf Meter hohe Wehrmauer mit Wehrgang und Türmen errichtet. In der Gangstraße zeugt der »Weiße Turm«, dessen weiße Turmhaube ihn wie einen Zuckerhut aussehen lässt, noch heute von der Stärke der einstigen Festung Bergen. Zugleich jedoch war er das zum Hochgericht Bergen gehörende Gefängnis. Hier saßen die Unglücklichen, denen im »Spilhus« der Prozess gemacht wurde. Wenn sie für schuldig befunden worden waren, wurden sie zum Galgen am Wartturm auf den Berg geschleift.

Nur dem beherzten Eintreten heimatliebender Ururgroßväter ist es zu verdanken, dass der wuchtige Backenzahn beim Abriss der Festungsmauer im 19. Jahrhundert nicht gezogen wurde. Wenn man einmal rundherum gegangen ist und die hellen gelblich braunen Steine genauer betrachtet hat, sieht man noch etwas Bemerkenswertes: Das Gestein – Corbiculakalk – (das sich auch an der barocken evangelischen Kirche findet) ist voller kleiner Muscheln und Schnecken!

Zwischen Bergen und Seckbach liegt das Mekka für Frankfurts Fossiliensammler. Hier kann man, wenn man Gummistiefel hat und gut zu Fuß ist, etwa am Rand der Äcker unterhalb der Berger Warte, jede Menge tertiäre Versteinerungen auflesen.

Wo heute Frankfurt liegt, lag im Tertiär ein breiter Meeresarm. Am Berger Hang sind unter alluvialen Lehm- und diluvialen Fluss- und Windablagerungen fast alle tertiären Schichten bis zu den Rupeltonen und Meeressanden abgelagert. Die abgebildete Turmschnecke (!) der Gattung Cerithium in der Mauer des Weißen Turmes schwimmt in den Ablagerungen des Unteren Miozäns oder Aquitaniums. Hübsch ist sie allemal, trotz der 20 Millionen Jahre, die sie auf der Schale hat.

Adresse Gangstraße 20, 60388 Frankfurt am Main-Bergen-Enkheim | **ÖPNV** U 4, U 7, Haltestelle Seckbacher Landstraße, von dort Bus 43 bis Haltestelle Michlersbrunnen oder Haingasse | **Tipp** Im Heimatmuseum im historischen Rathaus Bergen-Enkheims erfährt man alles über Bergen, Enkheim und Bergen-Enkheim; Berger Rathausplatz 1, geöffnet Do 20 – 21 Uhr und So 15 – 18 Uhr sowie nach Vereinbarung mit Horst R. Becker unter Tel. 0178 / 7270456 oder horstrichard.becker@yahoo.de.

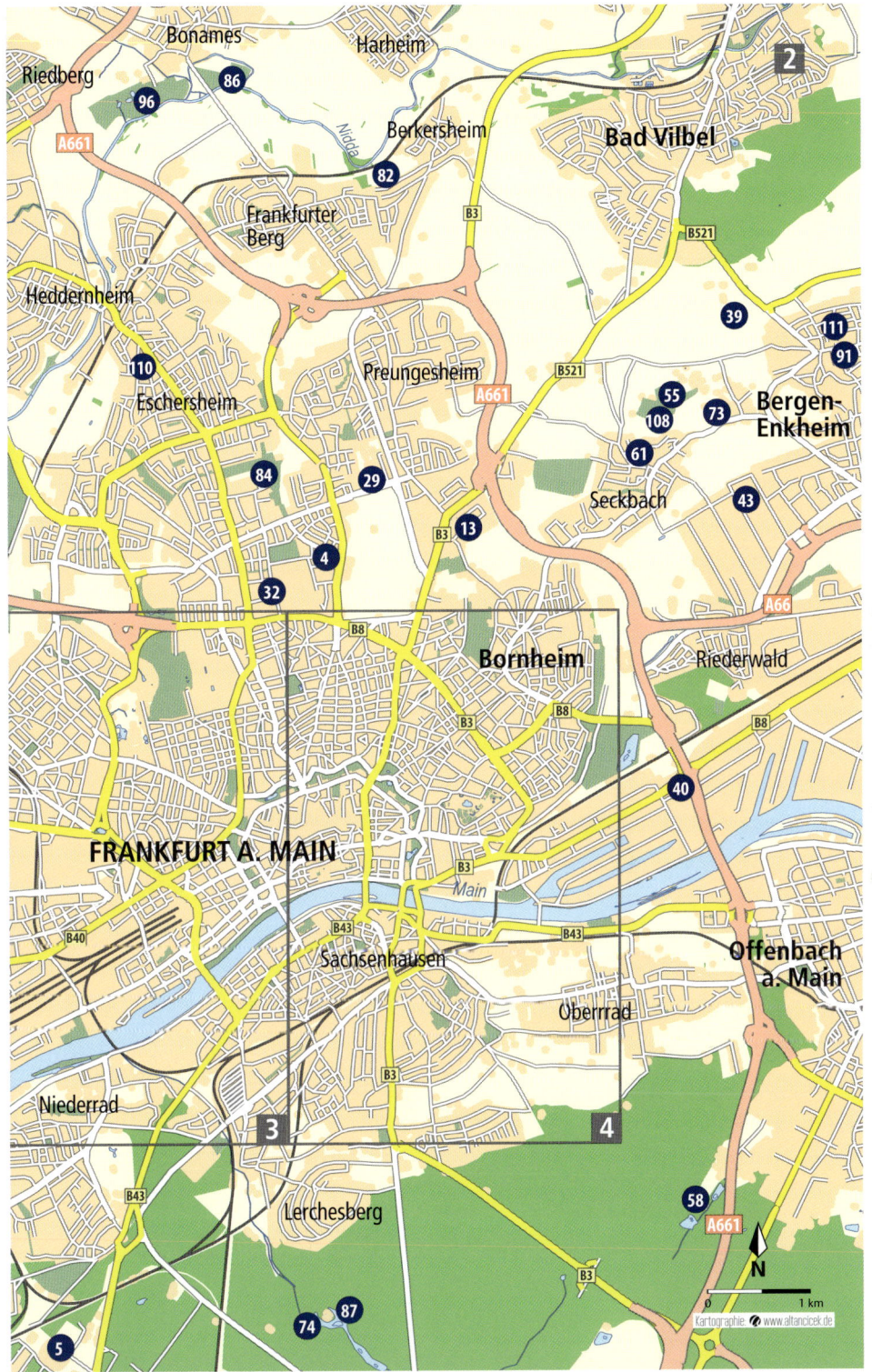

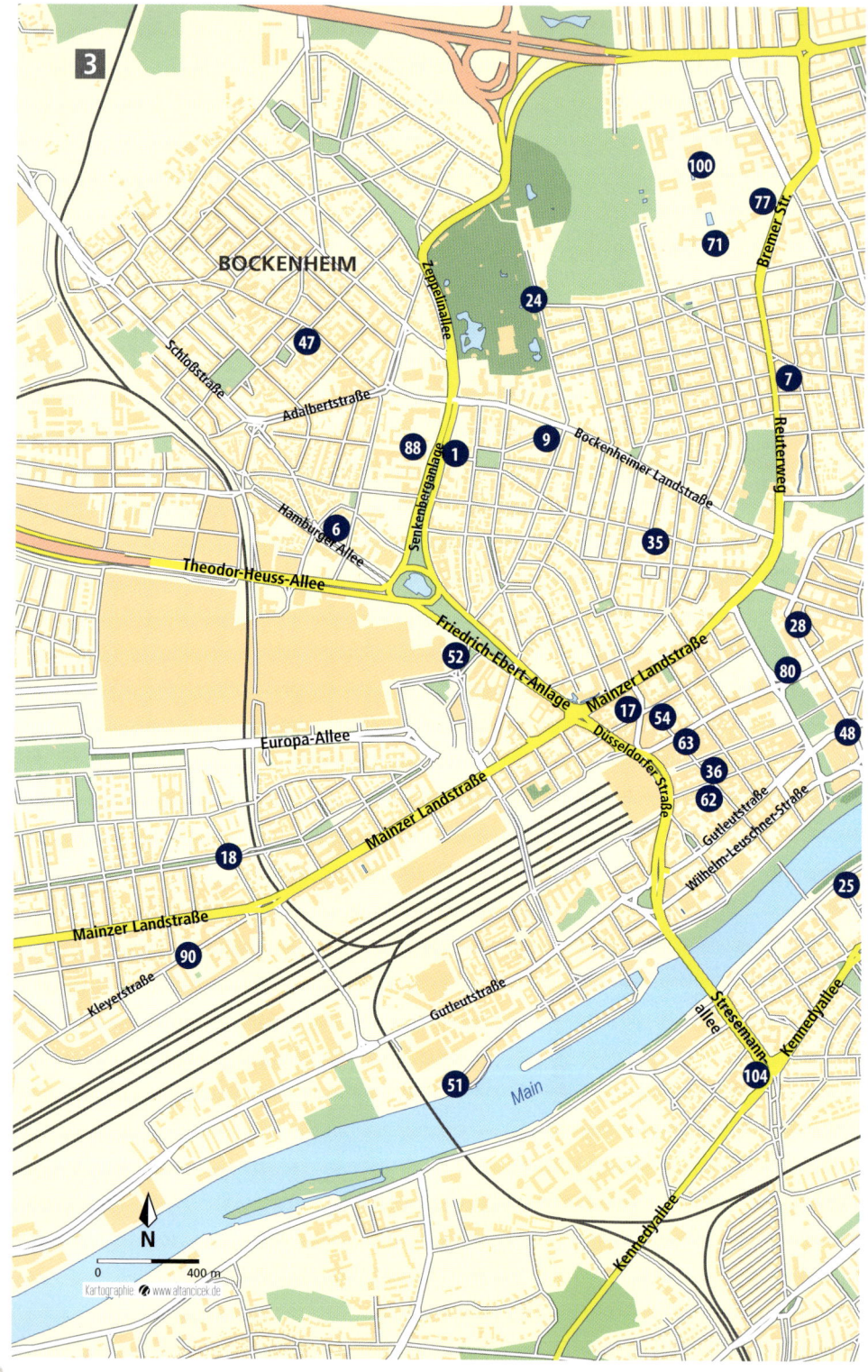

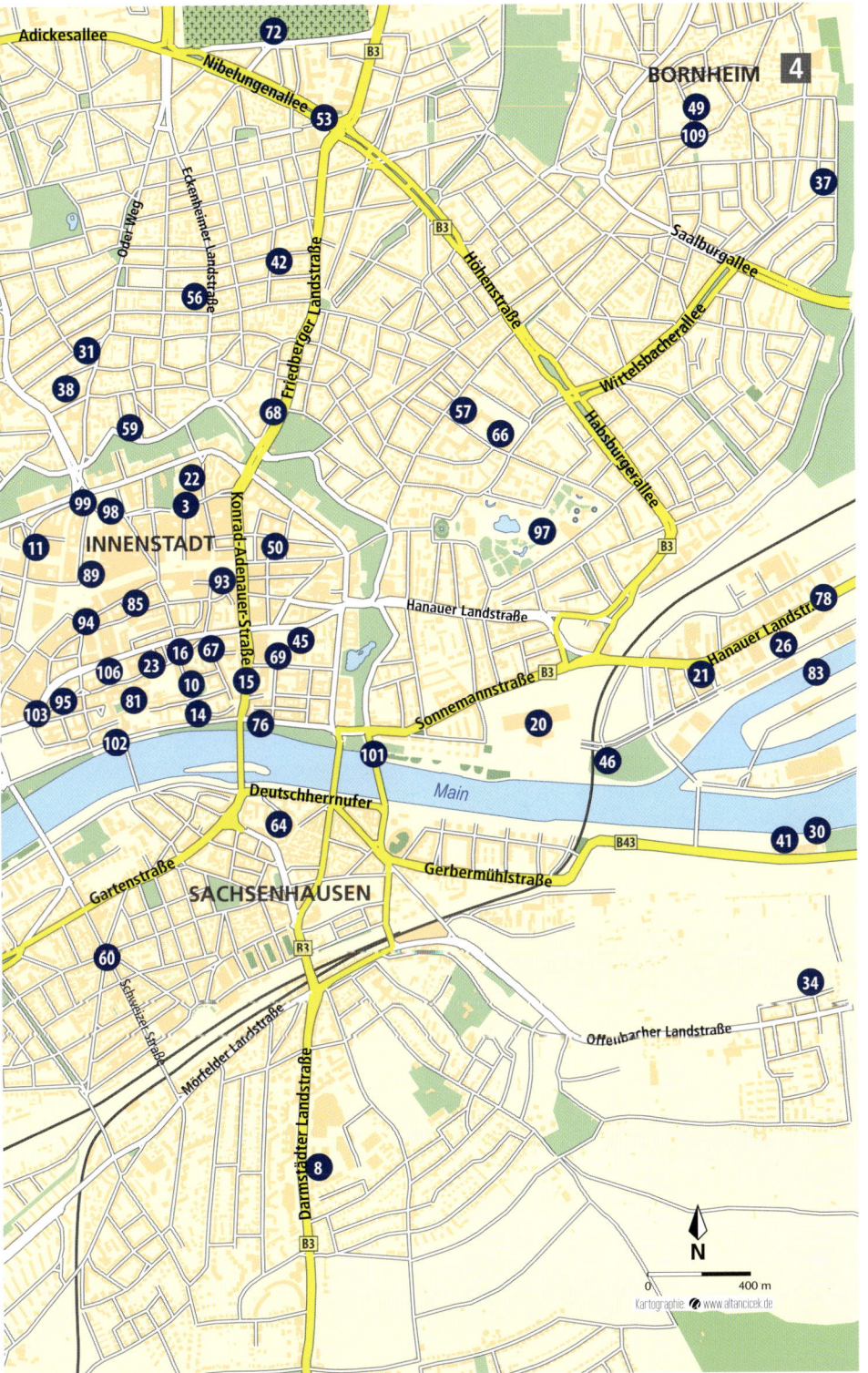

Alexandra Schlennstedt,
Jobst Schlennstedt
**111 Orte an der Ostseeküste
Mecklenburg-Vorpommerns,
die man gesehen haben muss**
ISBN 978-3-95451-332-1

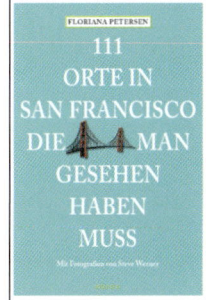

Floriana Petersen
**111 Orte in San Francisco,
die man gesehen
haben muss**
ISBN 978-3-95451-750-3

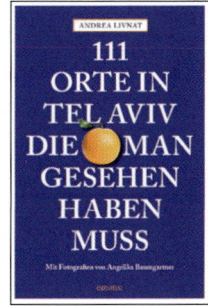

Andrea Livnat,
Angelika Baumgartner
**111 Orte in Tel Aviv, die
man gesehen haben muss**
ISBN 978-3-95451-703-9

Oliver Schröter, Falk Saalbach
**111 Orte in Zürich, die man
gesehen haben muss**
ISBN 978-3-95451-538-7

Cornelia Lohs
**111 Orte in Bern, die man
gesehen haben muss**
ISBN 978-3-95451-669-8

Giulia Castelli Gattinara,
Mario Verin
**111 Orte in Mailand, die
man gesehen haben muss**
ISBN 978-3-95451-617-9

Cornelia Ziegler,
Chris Sindermann
**111 Orte auf Kreta, die man
gesehen haben muss**
ISBN 978-3-95451-540-0

Dorothee Fleischmann,
Carolina Kalvelage
**111 Orte an der Costa Brava,
die man gesehen haben muss**
ISBN 978-3-95451-561-5

Jo-Anne Elikann
**111 Orte in New York, die
man gesehen haben muss**
ISBN 978-3-95451-512-7

Alexandra Schlennstedt,
Jobst Schlennstedt
**111 Orte in Ostwestfalen-Lippe,
die man gesehen haben muss**
ISBN 978-3-95451-109-9

Annett Klingner
**111 Orte in Rom, die man
gesehen haben muss**
ISBN 978-3-95451-219-5

John Sykes, Birgit Weber
**111 Orte in London, die
man gesehen haben muss**
ISBN 978-3-95451-117-4

Alexandra Schlennstedt,
Jobst Schlennstedt
**111 Orte in der Lüneburger
Heide, die man gesehen
haben muss**
ISBN 978-3-95451-844-9

Susanne Thiel
**111 Orte in Madrid, die
man gesehen haben muss**
ISBN 978-3-95451-118-1

Dirk Engelhardt
**111 Orte in Barcelona, die
man gesehen haben muss**
ISBN 978-3-95451-066-5

Stefan Spath
**111 Orte in Salzburg, die
man gesehen haben muss**
ISBN 978-3-95451-114-3

Ralf Nestmeyer
**111 Orte in der Provence, die
man gesehen haben muss**
ISBN 978-3-95451-094-8

Peter Eickhoff, Karl Haimel
**111 Orte in Wien, die man
gesehen haben muss**
ISBN 978-3-89705-969-6

Rike Wolf
111 Orte in Hamburg, die man gesehen haben muss
ISBN 978-3-89705-916-0

Rüdiger Liedtke
111 Orte auf Mallorca, die man gesehen haben muss
ISBN 978-3-89705-975-7

Lucia Jay von Seldeneck,
Verena Eidel, Carolin Huder
111 Orte in Berlin, die man gesehen haben muss
ISBN 978-3-89705-853-8

Rüdiger Liedtke
111 Orte in München, die man gesehen haben muss
ISBN 978-3-89705-892-7

Lucia Jay von Seldeneck,
Verena Eidel, Carolin Huder
111 Orte in Berlin, die man gesehen haben muss
Band 2
ISBN 978-3-95451-207-2

Bernd Imgrund,
Britta Schmitz
111 Kölner Orte, die man gesehen haben muss
Band 1
ISBN 978-3-89705-618-3

Bernd Imgrund,
Britta Schmitz
111 Kölner Orte, die man gesehen haben muss
Band 2
ISBN 978-3-89705-695-4

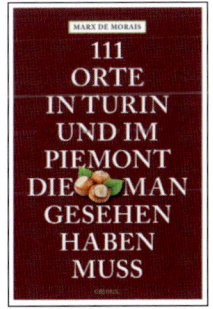

Marx de Morais
111 Orte in Turin und im Piemont, die man gesehen haben muss
ISBN 978-3-95451-736-7

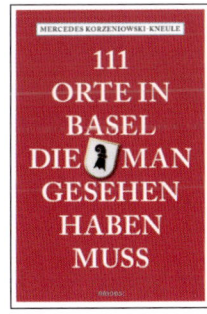

Mercedes
Korzeniowski-Kneule
111 Orte in Basel, die man gesehen haben muss
ISBN 978-3-95451-702-2

Die Autoren

Rike Wolf, 1980 in Hamburg geboren, studierte Literatur- und Filmwissenschaften. Sie arbeitet als Autorin, Journalistin und Lektorin
und hat an verschiedenen Drehbüchern mitge-
wirkt.
www.rikewolf.jimdo.com

Tom Wolf, geboren 1964 in Bad Homburg,
studierte Germanistik und Philosophie. Seit
2000 arbeitet er als freier Schriftsteller. Am bekanntesten sind bislang seine Preußen-Krimis.
www.tom-wolf.jimdo.com

Bildnachweise

Ort 16, Dachimkerei: Axel Schneider; Ort 19, Eisenbahnbrücke Nied:
S. Kasten; Ort 25, Frankfurter Atelier: Mara Monetti; Ort 27, Frankfurter
Treppe: Wolfgang Günzel; Ort 38, Henry-Jaeger-Turnhalle: Eintracht
Frankfurt; Ort 42, Industriekathedrale: Klaus Peter Hoppe, © Infraserv
GmbH & Co. Höchst KG; Ort: 77, Relikt: Rolf Voigt; Ort 79, Sauerspru-
del: Karsten11; Ort 94, Stoltzeplatz: Frank Seifert; Ort 100, Turm: Helmut
Ladwig